自我分析

Karen Danielsen Horney

Self-Analysis

〔美国〕卡伦·霍尼 著

贾 静 译

译林出版社

目　录

前　言

作为一种严格意义上的治疗方法，精神分析法最初是在医学领域发展起来的。弗洛伊德发现某些精神性障碍，比如歇斯底里的痉挛、恐惧、精神压抑、吸毒成瘾、胃官能症等，并没有非常明显的身体上的病因，如果消除了患者的某些潜意识因素，这些精神困扰则可以得以治愈。类似上述这种精神性障碍，就是人们所称的神经症。

在其后三十年中，精神病学者们又认识到这些明显的症状折磨着神经症患者，在处理生活的方式上，他们也有着相当程度的困扰。而且，有很多人患有人格紊乱，却不表现出神经症患者所具有的特定症状。也就是说，神经症患者的症状有隐有显，但是共通的是，他们都有人格上的障碍，这个事实已经越来越明显了。所以，可以得出这样的结论：这些特征并不太明显的人格障碍组成了神经症最基本的核心。

在精神分析科学的发展过程中，以上事实的发现起到了极大的建设性作用，精神分析学的范围得以扩大，其功效也得以提高。于是，一些明显的性格异常像严重的临床症状一样也被当作了精神分析的对象。比如不由自主的优柔寡断，在选择朋友或爱人的问题上不断犯相同的错误，以及在工作上表现出的冷淡和压抑态度等。不过,精神分析的根本目的是理解这些病症并最终将其消除，而不是研究人格及其发展规律。性格分析只是手段，假如这样的工作还能有助于患者全面而健康的发展，这应该算是意料之外的收获了。

对治疗特定的精神失常来说，精神分析法无疑是一种将被人们长期应用的治疗方法，而且它还能够帮助到一般人的性格发展，这一事实已经被越来越多的人注意到。人们对精神分析法的关注和青睐，不是因为他们感到恐惧、精神压抑或者其他的精神紊乱，而是他们觉得自己缺乏妥善处理生活的能力，或者觉得他们自身有不足之处，对他们的发展造成了困扰和障碍，或对他们的人际关系造成了伤害。

新的远景初显之时，人们总对它的价值抱有过于乐观的预期，这样的情况时有发生。一种被广泛传播的观点认为，促使人格成长的唯一方法就是精神分析法。然而毋庸置疑，事实并非如此。对我们的发展最有裨益的,还是我们的生活本身。远离故土的困苦、身体的疾病、孤独的岁月等，这些生活赋予我们的重压；还有生活赐予我们的那些欢乐与美好，诸如真诚的友情，甚至只是与一个真诚可靠、值得珍惜的人相处，以及团队协作等，所有这些因素，都能对我们发挥自身的潜能带来帮助。

但是很不幸，生活在给我们带来帮助的同时，也带来了一些不利因素：在我们需要的时候，好事并非总是能如愿出现，困难也不仅是对人们的积极性和勇气造成障碍，有时还会超越人们的承受能力而将他们彻底打垮，甚至人们最后还会深深陷入心理障碍的泥沼，而无法享受生活所带来的帮助。精神分析法却没有这些不利因素，尽管它也有其局限性。因此，在人格发展领域，精神分析法自然地占据了它应有的位置，并以其特殊的方式促进着人格的发展。

我们现在生活的这个文明社会，情况复杂，困难重重，在这样的社会里，任何有助于促进人格发展的方法都显得格外重要。即使对于大多数人来说，专业的精神分析法都可能会给他们带来帮助，但由于它并不能使所有的人都受益，所以自我分析就更有其必要性了。人们一直认为，自我分析不仅很有价值，而且在“认识自己”这一问题上具备可行性。当然，精神分析的种种发现也可以为自我分析带来极大的帮助。另一方面，它还能为人们揭示出以往没有认识到的自我分析的内在困难。正因如此，我们应该抱着谦虚的态度和美好的希望，来讨论精神分析中自我省察的可能性。

本书的写作目的就是向读者严肃地提出这一问题，并对其中所涉及的困难给予全面而充分的考虑。我还将在具体的分析过程中，提供一些自己的思考经验，但因为目前在这一领域里，还非常缺乏可供参考的实践经验，因此我不会在书中提供任何确定的答案。我的目的主要是提出一些疑问，并鼓励那些具有建设性的自我省察的努力和尝试。

对个人而言，进行建设性自我分析的尝试非常重要，因为他可以通过这样的努力，获得充分发挥其自身才能的机会。我这里所说的发挥才能，不仅指发挥其个人潜藏的独特天赋，更重要的在于摆脱种种类似于强迫症等易致残性神经症的困扰，发展其作为一个健康而全面的人的潜能。然而，自我分析还牵涉一个更为宽泛的问题：今天我们都在为民主这一理想而奋斗，而民主思想的基础部分就是相信个体（尽可能多的个体），应该全面发展其自身潜能。尽管精神分析在帮助个体实现这一目标的过程中，不可能解决整个社会的弊病，但它至少能够厘清既是这些弊病的起因，又属于其造成的后果的一些冲突、误会、仇怨、惊惧、伤害和弱点。

在我之前出版的两本书中，我曾提出神经症的理论框架，在本书中，我将对其进行更为细致的讲述。我本想避免对那些关于神经症方面的新观点进行描述和解释，但对于那些可能对阐述自我省察有用的素材，我想还是有必要将其重新展现在读者面前。当然，在本书中阐述那些观点时，我会尽我所能阐述得简洁明了，而不对本书题材造成妨碍。心理学问题是极为复杂的，这是一个毋庸置疑的事实，一旦充分认识到这一点，我会尽力做到不堆砌名词术语，以避免使这些本已复杂的心理学问题变得更加复杂。

在本书的写作过程中，伊丽莎白·托德小姐以精妙的见解，帮助我组织全书的材料；我的秘书玛利亚·莱文夫人也做出了不懈的努力；还有那些允许我公开发表他们自我分析经历的患者，借此机会，我向他们致以最诚挚的谢意。

第一章
自我分析的可能性与可行性

精神分析进行得越迅速，越有效，患者就会越“配合”，这几乎是每位精神分析师都有的共识。我在这里所说的“配合”，意思并不是说患者都会礼貌地被动接受分析师的任何建议，也不是指患者会有意识地自愿提供他本人的情况——即便大多数来诊所进行自我分析的患者，迟早都会意识到并且承认坦诚地表达自己的内心是多么的必要。我更多的是指一种自我表达方式，这种自我表达几乎很少受患者本人的意识支配，就如同作曲家在进行创作时，会情不自禁地表达自己的感情一样。如果因为作曲家自身因素而阻碍了情感的表达，他肯定无法进行创作，自然也不会有任何作品产出。同样，就算患者最大的愿望是与分析师进行完美合作，但一旦他的努力遇到一些“阻挠”，最终也得不到任何有益的结果。患者越是能够自由并经常性地表达其内心的想法，他就越有能力去处理他自身的问题。这样，患者与分析师双方的配合分析才会更有意义。

我经常跟我的患者说，分析师只是担当向导的角色，好比要进行一次艰险的登山，我们应该避开哪条路，以及该选哪条路，分析师都只是提出建议，这才是最理想的情况。为了表述得更准确，我需要补充一点。虽然分析师自己亲身经历过登山的过程，但他并未攀登过患者所面对的那座特定的山峰。所以，患者自己的心理活动和创造力才是最重要的。正是患者自己的建设性心理活动，决定了自我分析的时间长度和结果，这句话绝非言过其实。

在分析治疗过程中，当患者处于不太好的境况时，分析就会因为这样或那样的原因，而不得不被打断或终止。对于这样的结果，患者和分析师肯定不会满意，但往往也是在这样的情况下，患者心理活动的重要意义才会被揭示出来。如果在随后的一段时间内，双方都没有进行进一步的精神分析，但患者却表现出了稳定而持久的提升和改善，在面对这种情况时，他们往往会感到又惊又喜。如果详细的调查表明患者的周围环境中并没有任何变化可以解释这种改善，那我们就可以考虑并证明它是分析治疗的一种滞后效应。这种滞后效应不那么容易解释清楚，因为它可能受多方面因素的影响。

之前的精神分析可能已经让患者有了非常准确的自我观察能力，这让他比以前更加相信自己确实存在某些心理障碍，或是一些之前从未意识到的新问题；也或者，对于分析师提出的建议，患者原先可能都会将其视作外部侵扰，而一旦患者能够轻而易举地进行自我省察时，他反而可能会把这些改善看作是自己的功劳；再或者，如果患者的问题是不甘落后、处处想高人一等并竭力挫败别人的话，那他可能就不会让分析师获得成功治疗患者的满足感。因此，只有分析师从这个案例中完全退出，患者才会康复。最后，我们一定要牢记，很多事情都会发生滞后效应。比如在谈话时，我们很有可能是过了很久才能真正体会到一个玩笑或一个评论的内在含义。以上的这些解释虽然各不相同，但其共通之处在于，它们都暗示着患者内心经历了他自己都没有意识到的一些心理活动。或者说，这些心理活动患者自己并没有自主自觉地去进行。

我们知道，患者的某些心理活动，甚至是那些有意义的指向性活动，有时候确实是在没有意识的状态下进行的。我们都曾经做过一些有意义的梦，甚至有时候我们也有过这样的经历：有些问题在晚上难以解决，但睡一觉后问题却迎刃而解；解一道有名的数学难题，清早起来后，答案会自己蹦出来；晚上还令人困惑不解、犹豫不决的决定，睡一觉后会恍然大悟、云开雾散……还有一些诸如此类的事情，甚至那些在白天都察觉不到的怨恨，夜间可能会敏锐地活动于人的意识层面，并在凌晨五点钟使人们突然惊醒，让他们清晰地意识到自己内心潜藏的愤怒。

事实上，每一位分析师都是凭借这些内在的心理活动来对患者进行分析的。分析师的这种行为背后，隐藏着这样一种理念：若想分析治疗得以顺畅进行，就一定要消除患者的心理“抵触”。另外，我还要强调的是，这些内在心理活动也有其积极的一面。患者渴望解脱的动力越强，阻碍越少，他表现出来的活动就越具创造力。但是，无论我们强调消极方面（抵触）还是积极方面（动力），其内在的原理都是相同的。即通过消除障碍或激发足够的动力，使患者的心理能量被激发出来，并产生新的分析材料，最终达到更进一步的自我分析。

可是，如果分析师凭借的只是患者的无意识心理活动，或者患者具有独立解决某个问题的能力，那么这种能力能否被运用于其他用途呢？患者能以他自身拥有的批判性才智，彻底检查他的自我省察结果或心理想象吗？对于患者的心理现象，我们还能够进行更深入的分析吗？这些问题才是本书所应当提出的。

通常，患者与分析师之间有着各自的分工。一般来讲，患者只需表达出他心里是如何想的，有什么样的感觉和冲动，而分析师的职责则是运用自己的批判性才智，弄清楚患者行为背后的真实原因。他会把表面上似乎毫无关联的材料联系在一起，并以此质疑患者所讲述的话语，对其中可能隐藏着的含义提出建议。我之所以用“一般来讲”这个词，是因为分析师有时也会运用自己的直觉，而患者也可能自发地将事件广泛联系起来。但是，总体来看，这种分工确实存在，对整个分析活动也确实有益处。因为它能使患者在放松的状态下，对自己内心的想法进行纯粹的表达或袒露。

不过，在两个分析期之间的空闲期，我们该怎么办呢？假如因为某些原因而使得治疗中断，并且中断很长时间，事情又会如何发展？任由事件发展，让问题不经意间自行得到解决，把希望寄托在偶然上，这样的处理方式可靠吗？我们能否做到让患者进行自觉的自我省察，同时运用其推理能力解决难题呢？尽管实现这个想法还存在一些困难，有一定的风险和局限（这些将会在后面详加讨论），但是，我们还是要问，自我分析难道没有可行性吗？

把研究的范围拓宽，自我分析则引出了一个长久以来一直存在的问题：我们能够认识自己吗？人们始终坚信，“认识自我”是可以实现的，尽管会面临无数的困难，人们也从未停止过追求和探索的步伐，这一点让我们备受鼓舞。但是，对于这一问题，前人的看法与我们现今的看法已经有很大的不同。尤其是自弗洛伊德提出他的基础研究发现以后，这个问题已经变得远比前人所能想象到的更加复杂，也更加困难，甚至于仅仅是严肃地提出这个问题，就已经如同一次探索未知领域的冒险行动。所以，对我们来说，这种精神上的鼓舞也没有太大的促进作用。

近期，一些旨在告诉读者如何改善自我、如何处理好人际关系的书籍陆续出版。其中，有些书只是在如何处理个人问题和社会问题方面，或多或少地给读者提供一些普遍适用的建议，比如戴尔·卡耐基所写的《如何赢得友谊及改变他人》等，这类书中都极少谈到认识自我这一问题。但也有一些书籍，如最优秀的作者之一——戴维·西伯里所著的《发现自我》等，其内容也确实涉及自我分析，但因为没有将弗洛伊德所开创的精神分析法予以充分利用，所以书中仅仅只是向读者提供了一些不够充分的建议罢了①。正因如此，我才觉得更有必要就“认识自我”这一主题另写一本书。此外，很多作者对“自我分析”缺乏足够的重视和深入的探讨，比如《简要自我分析》（*Self-analysis Made Easy*）等，这种倾向从书的名字上就可以看出。这类书籍在某些精神病学的个性研究方

① 在《公意下的民主》一书的第四章“认识你自己”中，作者H.D.莱斯威尔分析了天马行空的想象在认识自我方面具有的价值，但是并没有具体地就自我分析进行讨论，因为这本书的主题志不在此。——原注

面表达出来的意向也是很含蓄的。

所有这些尝试仿佛都在告诉我们认识自我是一件很简单的事情。但是，这种观念只是一种错觉，一种自以为是的幻想罢了，对实现认识自我这一目标没有任何益处。人们一旦相信该观点后，就会错误地认为自己已经全面地认识了自我而空欢喜一场；或者会在第一次遇到严重挫折时就一蹶不振，甚至对“探索”自我的真相完全不抱希望，并放弃努力。自我分析其实是一个艰苦而缓慢的过程，而且还会随时让我们陷入痛苦、遭受挫折，所以更需要我们竭尽全力去做。如果能够充分认识到这一点，那么我们应该可以避免上述情况的发生。

有经验的分析师绝不会盲目乐观，因为他非常清楚，患者在能够坦然地面对自身问题之前，通常都要承受艰难，甚至是令人绝望的与“自我”的抗争。所以，分析师可能会更倾向于接受完全相反的结果：完全放弃进行自我分析。他们之所以会这样，不仅在于他们的实践经验，同时也基于一定的理论依据。例如，分析师会提出他的论点并加以证明，再一次体会到像孩子一样的渴望、害怕，同时对分析师十分依赖，患者只有体验到这些之后，才会真的不再抗拒。如果分析过程听凭患者自由行事，充其量只能获得一些无效的、“纯理智”的分析结果。对于这些观点，如果我们进行深究的话（在这里我们不做这种深究），会发现它们最终会得出一个不置可否的结论：依靠患者自身的力量，是不可能克服其自我认识道路上的重重障碍的，即便患者自身的意愿和动力足够强大。

我有充分的理由认为，在每个精神分析案例中，为实现目标，有目的地去刺激患者，是最重要的因素之一。可以肯定地说，如果患者对其自我分析有一个预期的目标，那么无论分析师如何努力，也不可能让分析结果超出其预期。但是，患者又具有某种优势（对于这一优势的价值，我们将会在另一章中讨论），那就是他可以在治疗过程中，由分析师在旁引导，鼓励并帮助他。而如果由患者自己进行分析的话，激发患者的内在“动力”就会变得至关重要。事实上，它的重要性就在于，患者本人动力的大小决定了其自我分析的可行性。

显然，弗洛伊德已认识到，神经症所带来的明显而严重的痛苦可以为患者提供这种动力。但是，如果严重的痛苦从未存在过，或在治疗期间消失，患者就会感到不知所措，这种动力也就无从产生了。于是，弗洛伊德又提出，激发患者的另一种动力也可以是其对分析师的“爱”，当然这种“爱”并不是为了得到切实的性方面的满足，而是指患者十分乐意接受分析师的指导和帮助，并为此而感到精神上的满足。乍听起来，这似乎很有道理。但是，由于过度的感情欲求以及获得他人认可的需要，几乎所有神经症患者，他们的爱的能力都已经受到了极大的破坏，这一点我们不能忽视。有些患者很自然地——我想，弗洛伊德已经考虑过这类患者——会有不同程度的讨好分析师的表现。比如，会不加判断地接受分析师的意见；又比如，他们把精神分析取得的成效表现出来。实际上，他们这样做并不是出于对分析师的“爱”，而是想以此来消除自己对别人的畏惧，又或者是因为他们觉得自己无法以更为独立自主的心态做好这些事情，而广泛采取的一种应对方式。因此，患者与分析师之间的关系决定了治疗能否顺利进行下去。如果患者在此间产生挫败感，或是受到批评（这种情况极易出现），他就会完全无视自己的切身利益，将怨恨与报复情绪抛向分析师，而整个精神分析活动就会演变成一场斗争。相比这种刺激的不可靠性，精神分析师必须要将它打败才是最关键的事情。给患者造成困扰的最关键原因，是患者具有只依照别人的意愿去做事而忽略自己心中想法的倾向。所以，我们需要做的并不是利用它，而是分析它。因此，弗洛伊德意识到，患者试图摆脱明显、严重的痛苦的愿望就是唯一的有效刺激。并且就像弗洛伊德完全无误的推断那般，随着症状逐渐变得不那么明显，这一动机也会按照比例减弱，从而不具备太长时间的作用。

或许还会有人觉得，假如把解决各种症状视为治疗分析的唯一目的，那么这种刺激就仍然是需要的。但是，事情的确如此吗？有关自己对这种目的的观点，弗洛伊德从未明确地表明过。仅仅说患者应当有能力工作和享受乐趣，但并不确切说明这两种能力具体是怎样的，那么，这就是没有任何意义的。这种能力是指展开普通日常工作的能力，还是进行创造性工作的能力？是指享受普通生活的能力，还是过性生活的能力？同样模糊不清的还有“分析应当作为一种再教育”这一观点，究其原因，是因为他并未对这一问题进行解答。教育是基于怎样的目标？对于这个问题，大概弗洛伊德并未进行深入思考，分析他从早期一直到晚期的作品，治疗神经症才是他最感兴趣的方面。个性的改变之所以受到他的重视，只是因为它能确保消除所有症状。

因此就大体而言，可以用消极形式来描述弗洛伊德的目标：得到“彻底解放”。但是，包含我在内的其余作者在解读分析目标的时候，都使用了积极的形式：让一个人不再被内部限制制约，让他可以随意发挥自己最大的潜能。听上去，这两者的差别好像仅仅在于所偏重的方面不同，而就算事实上的确只是所偏重的方面不同，这种不同方面的强调已足以完全改变对刺激问题的看法。

只要患者自身存在强烈的刺激，并且可以将他所具备的所有感官能力发挥出来，让他发掘已有的潜能，让他学会自我控制——最通俗易懂的说法就是，只要他具备增长的刺激，就算他可能不得不面对各种艰难困苦的煎熬——用积极形式制定的目标也依然具有实际意义。

在讲清楚这一问题之后事情变得非常明白，偏重于不同的方面并不是这件事所牵涉的唯一事物，其原因是这种愿望的存在已经遭到了弗洛伊德的刻意否决。这种愿望甚至遭到了他的讥讽。在弗洛伊德看来，这好像是随意幻想出来的一种愿望，属于幻想式的唯心主义。他表示，“自恋”的欲望激发了自我发展的急切性，也意味着这些急切性所表现出来的是自负以及超越其他人的倾向。只是基于理论上的思考而给出一种假定，这是弗洛伊德极少会做的事情，尽管他好像总是十分善于观察事物的根本。这种观察在此事例中所获得的就是，有的时候，在患者自我发展的愿望方面，发挥最关键作用的是患者自我夸大的倾向。这是弗洛伊德坚决否定的事实：能够发挥效果的要素并不只有“自恋”。假如已经分析并抛开了自我夸大的需求，并且仍旧具有自我发展的愿望，那么在这个时候，与过去相比，会彰显出更为清晰、更为强大的自我发展愿望。事实上，在“自恋”这一要素所引发的愿望变强烈的同时，它们已经变成了实现这种愿望的绊脚石。可以引用一位患者所讲的话：“‘自恋’的冲动是以伪自我为基准发展起来的。”只有在牺牲真自我的情况下，才能给这种伪自我以激励。后者只会令人觉得不耻，对患者所能采取的态度最多也只是同情。我通过实践所得出的结论就是，随着消除伪自我速度的加快，真自我会越来越受重视，也会更加希望不再受内部制约，并且在现存环境所允许的情况下，强烈希望生活可以变得充实。我认为将人的潜力发挥出来的愿望，似乎应当属于反对进一步精神分析的努力这样的范畴。

从理论方面来讲，弗洛伊德否认了自我发展的愿望是跟他所假定的原理有联系的，也就是说，“自我”是一种夹杂在本能的推动、外界的束缚以及良心这几种因素之中的薄弱力量。但是最后，分析目标的不同见解体现了与人类本性问题相关的两种完全不一样的哲学信念，这是我始终坚信的一点。引用马科斯·奥托曾讲过的话：“人生观最深的源头，详细来讲，孕育人生观的源头，有时忠于，有时不够忠于人类。对于人类，假如一个人信心满满，并且坚信只要人类愿意去争取，就可以获得美好的东西，那么他就会知道应该怎样去过日子，并且得到与这种信心相吻合的世界。信心的缺失就会遭遇相应的不如意。”这本书对梦境进行了解说，并且在解说的过程中，或许还讲到了自我分析在一定范围上的可能性起码得到了弗洛伊德隐晦的认可，原因是他的确对自己的梦境进行过研究。因为自我分析的可能性在他整个哲学见解中并未得到承认，所以这是一种非常有意思的认可。

然而，就算我们认可患者具有充足的进行自我精神分析的刺激，问题依然没有得到解决。自我分析是不是那些不具备专业知识、训练以及经验的外行人可以完成的？我会遭到一些人的严厉诘问。我是不是隐晦地表示，将在这本书的第三章或者第四章说明，患者或许会掌握充足的特殊本领，从而把专业精神分析师的作用取代掉？但是，对于这种特殊本领，我并未了解到患者是否具备，即便是相似的替代物，我也没有想要去寻找的念头。不过，如此一来，我们好像陷入了绝境。我们当真没有办法再进行下去了吗？在通常情况下，虽然"不是这个就是那个"的道理好像是可行的，不过仍然有一些错误始终隐匿其中。我们需要把这一点好好记在心上。对于专业化的影响，应该在文化发展过程中给予极高的珍视，然而，假如在精神分析方面也同样这样做，只会让患者的积极性受到重创。我们都过于坚信了解政治的只有政治家，可以修理汽车的只有机械师，可以修剪花木的只有经过专业训练的园艺师。自然，相比那些并未受过训练的人，训练过的人做事的速度与成效都比较好。事实上，在大多数情况下，那些并未受过训练的人还面临着一败涂地的情况。不过，相比现实生活中专业与非专业之间的差距，人们想象出来的差距反而更大，因为过于信赖专业化，从而变得盲目追随，同时将所有想要尝试的意图都掐灭。

这种普遍的考虑是振奋人心的。不过，我们必须对一个训练有素的精神分析师素质的形成进行详尽明确的分析，以便正确评定其自我分析的技能。首先，要想对其他人进行研究，就需要对潜意识力量的本质、它们的表现形式、它们产生力量的原理、这些原理的影响和揭示它们的方式等方面有一定了解，这就需要掌握丰富的心理学知识。其次，一定要在接受训练与积累经验的过程中培养相当程度的技能。对于应该怎样治疗患者，精神分析师一定要了然于胸。面对现有的众多繁杂不堪的资料，精神分析师一定要非常明确地知道必须立即解决的是哪些因素，能够暂时抛置一旁的又是哪些因素。那种高度拓展的可以“触及患者内心”的本领——这种本领基本就是第六感感知心理暗潮的敏锐性——也是他一定要具备的。最后，只有在对自己非常了解的情况下才可以分析其他人。和患者共事，精神分析师就要凭借自身的特点与准则进入另一个不熟悉的世界。这是危险性极高的事情，因为患者或许会被精神分析师曲解并误导，更有甚者还会受伤——这完全是精神分析师粗心大意、愚昧或者自大导致的，而并非是因为他居心叵测。所以，不只是他的分析能力是他一定要全然熟悉并纯熟运用的，同时，与患者保持良好的关系也是非常关键的。要想担负起对别人进行分析的责任，就一定要具备上述三个条件。

事实上，在一些基础点上面，自我分析与分析别人是不一样的，所以这些条件也不会自动成为自我分析的条件。我们所有人展现出来的都是我们自身非常熟悉的世界，这才是最关键的迥异之处。其实，我们完全熟悉的唯有这个世界。事实上，对于这个世界的绝大多数，神经症患者已经渐行渐远，而且非常希望可以避免看见这个世界的大多数。除此之外，这种危险一直如影随形：因为对自己太过了解，一些饱含深意的因素在他看来不过是理所应当的事情，并且这种倾向非常严重。其实他的世界并没有发生变化，依然存在一切与它相关的知识。他所要做的就是观察，同时，凭借这种观察将通往那个世界的道路找出来。对于他遭遇挫折的根本原因，假如他有意一探究竟，假如他可以克服了解挫折的阻碍，那么相比其他人，他就可以更加出色地在某些方面进行自我观察，不管怎么说，一直跟他守在一起的就是他自己。在观察自己的过程中，他可以将自己和时刻与患者待在一起的聪慧护士作对比。不管怎么样，在一天之中，一位精神分析师对患者的观察时间最多不会超过一个小时。尽管精神分析师具有良好的观察方式、清晰的观察力以及进行推断的本事，但是护士却拥有更多的机会进行观察。

这个事情体现了在对自己进行分析时的一个关键要素。事实上，专业精神分析师所必备的第一个条件被降低了，第二个条件被取消了——与分析其他人相比，在分析自己的时候不需要运用更多的心理学知识，而且也没必要使用什么巧妙的战术技能，而对其他人进行分析的时候是一定要具备这些的。在对自己进行分析的时候，这些方面并不是最大的阻碍，最大的阻碍反倒是让我们无法看见潜意识力量的感情因素。宣称最关键的阻碍并非理智，而是感情，这全然符合以下事情：精神分析师在自我分析的过程中所拥有的条件并不比外行人占有优势，这与我们企图相信的情况完全不同。

所以，从理论角度来讲，我认为并不存在什么严格的理由来证明绝不可能发生对自己进行分析的事情。就算很多人的问题都严重困扰着自己，他们仍旧无法对自己进行分析，就算职业精神分析师的医治速度与精确性是自我分析始终没有达到过的高度，就算要想克服现有的一些阻碍就必须依靠外力援助。不过，上面所说的全部都无法证实这一工作具有原则上的不可行性。

不管怎么样，在理论思索的基础上我不应当大胆提出对自己进行分析这一问题。只有证明对自己进行分析是可行的情况下，才会有胆量将这个问题提出来，并且严肃谨慎地面对它。这些是我本人已积攒下来的经验，这些经验我的工作伙伴也有，并且确切地跟我讲过，那些得到我的激励，在我为他们做分析治疗之外的时间段里努力去做自我分析的患者，也具备这种经验。在这些进展顺利的试验期间，所面临的挫折不只是表面上那些。其实在通常情况下，大家都觉得，就算是依靠精神分析师的帮助，那些试图去解决的问题也是无法得到解决的，但是他们自身却能够借助良好的条件去解决。在尚未开展自我分析的时候，这些患者都已经经历了分析过程，这代表着他们对接触问题的方法并不陌生，他们根据自己的经历得知，在研究期间最有益的做法就是要对自己坦诚，哪怕在感觉上有些残忍。假如他们之前并没有经历过，就会无法判断有没有对自己进行分析的可能，抑或在哪种条件下是可能的。但是还存在这种振奋人心的事情：很多患者都是对自己的问题有了精确的了解之后才过来接受治疗的。这些了解自然是不充分的，不过他们在不具备任何经验的情况下了解到这些也是无可辩驳的事实。

如此一来，对自己进行分析是否可行关键在于下述条件：假如一个人具有足够的自我分析的能力——我们把这个问题放到后面谈论——在大部分分析的间断期间，患者可以承担分析自己的任务。比如节假日，因为出差或者私人原因离开自己所在的城市，到外面去，还有别的种种分析的暂停期间，专业的精神分析师只存在于寥寥可数的那几个城市，那些不在这些城市居住的人们就会尝试着展开自我分析，有时也会到城市中让精神分析师检验一番。就算是那些在精神分析师所在城市居住的人，偶尔也会因为经济条件而无法做到定期治疗，从而选择上述做法。一些人只接受了初期的分析，所以他们很有可能在接下来的时间展开自我分析。最终——要在这里添加一个问号——在外界分析极其匮乏的情况下，自我精神分析是具有可行性的。

这里又出现了另外一个难题。就算在一定的限制条件下可以做到自我精神分析，那它到底是不是可行的事情？在缺少专家指导的情况下，分析自己会不会像一件武器那般充满危险性，从而无法利用？难道弗洛伊德并没有拿精神分析和外科手术相比较过？——尽管人们不会因为清醒地运用分析手段而致死，而糟糕的外科手术却会置人于死地。

无论如何，把分析自己这一问题搁置一旁，从而得不到大家的理解，这是起不了任何作用的，因此倒不如让我们具体讨论一下自我分析大概会导致怎样的危险。首先，很多人觉得那会导致不利的自我反省滋生，并且妨碍所有形式的精神分析——这种反对力量如今已经加强了，而且还会持续加强。不过我希望可以再次进行探讨，原因是我坚信，假如精神分析的过程在没有或者很少有指导的情形下进行，这种不赞同的声浪将会更加强烈。

认为精神分析是让人把更多的自我反省展现出来，好像人生观才是引发这种不赞同观点的根源——这种观点在《已故的乔治·埃普勒》里得到了非常明显的体现。在这本书中，个人相互之间的情感以及个人的努力是毫无地位可言的。适应所处环境，变成团队中的奴隶，并且尽忠职守，这才是最应该做的事情。所以，应该限制所有的个人担忧或者欲望，自我约束是高尚美好的品质。不管是以哪种方式，只要是对自己进行过多思考的都是纵容自己和谋取私利。在另外一方面，精神分析最具代表性的特征就是既要对他人负责，也要对自己负责。所以，对于个人追逐快乐的正当权利，应当给予重视，其中也包含认真发展精神自由以及人身自由的权利。

对于这两种人生观的价值，所有个人都不得不做出自己的选择。假如选中的是前者，那么他一定觉得对自身以及自身的事情进行任何过多的考虑都是错误的，所以就没有必要再跟他争辩精神分析的问题。我们能够做到让他完全不必担忧，在通常情况下，精神分析的成果就是让人不再过度自私自利，而且可以与别人建立牢固的关系。但是，他最多只会让一步，认可自我反省或许只是一种具有价值的尚且存在争论的方式。

有关自我反省，选择另外一种人生观的人绝不会觉得有争议的必要。在他看来，了解自己跟了解周边环境中的别的因素是一样的，都是至关重要的。就像探索别的生活那般，探索自己的真面目也拥有相同的价值。唯一一个和他相关的问题就是，自我反省到底是建设性的，还是没有任何益处的？我认为，假如是想要实现人类更完美、更富裕、更健康的愿望才进行自我反省，假如这种反省是为了实现自我了解以及改变终极目标而进行的相应的努力，那么它就是可行的。假如自我反省的目的只是反省自己，也就是假如他只是因为心理上没有任何目标的兴趣才展开自我反省——以追求艺术的名义进行——那它轻易就会退化到像郝思顿·皮德森所讲的“疯狂心理症”上面。假如自我反省只是沉浸于欣赏自己或怜惜自己，沉默着思考自己，毫无根据地责怪自己，那它一样是没有任何意义的。

如今，我们与最主要的问题相接触：对自己进行分析是否会很容易地退化为那种没有任何目标的沉默思考。从我跟患者谈话的经验来看，我坚信并不存在一种普遍性的危险，与大家大概会以为的那样不同。看上去，这是一种正确的假设：这种观点能够征服的人只是那些在和精神分析师一起做事时想要一直在这条死胡同中来回游荡的人。这些人在缺少指导的情况下，就会处在毫无意义的犹豫不决中，不知道应该怎么办才好。不过，就算是这样，虽然他们对分析自己所做的努力肯定不会有效，但基本都是无害的，原因是，这种沉默思考并不是精神分析导致的。对于自己肚子痛、自己的仪容、自己所犯的错误，以及其他人在他们身上犯的错误，他们沉默地思考着，又或者他们在尚未接受精神分析时沉溺于他们用心设计而又没有任何目标的“心理解说”里。为了维持自己在原本生活环境中的正常活动，他们把精神分析用来或者肆意用来当作正当借口：它给出了圆圈运动就是坦诚的自我检验这一假象。所以，我们不应当在自我分析所带来的危险中对这些尝试进行评估，而应当在限制力的范围内进行。

考虑到自我分析可能会带来的危险，讨论它是不是具有必然会让个人受伤的危险性，这才是最根本的问题。独自展开这种具有危险性的尝试，那些他没有能力进行对抗的潜能是他可以挖掘出来的吗？假如那具有决定作用的潜意识矛盾被他发觉了，但是这个问题又是无法解决的，那么，他自己内心就不会有深深的焦躁沮丧情绪，或许还会导致萎靡不振乃至自杀吗？

在这种观点上，我们一定要将短暂的伤害与永久的伤害区分开来。在所有精神分析中都存在短暂伤害，原因是在接触所有被隐藏压抑起来的东西时，之前因为自己的方式而得以减弱的那些焦虑也必然会被激发。相同的道理，那些愤怒、生气的情绪也肯定会再次因它而起，而在之前的意识中，这些情绪早已不存在了。并不是由于精神分析让他对极致的罪恶与卑鄙有了了解的倾向，从而致使这种打击具备了这么严重的后果，而是它导致他的心理失衡——虽然这是一种十分不稳定的心理平衡，不过，在他混沌停滞的人生岔路口上，这种平衡曾让他免于产生沮丧情绪。有关这些在短时间内无法得到解决的本质问题，既然后面还要继续探讨，那我们在这里就只需对所出现的实情进行简单叙述。

分析期间，患者在遭遇这种困扰时会觉得非常苦恼，或许还会引发旧病症，他也就会在那个时候自然而然地产生失望情绪。在一般情况下，不需要花费太长时间就可以消除这些再次发作的旧病症。它们会在全新的自我反省发生之后消靡殆尽，同时会得到进一步的坚定感情。这些旧病症的再次发作证明，在人生的改造之路上，他遭遇了不可避免的打击与痛楚，这些旧病症的再次发作是包含在所有具有建设性的程序中的。

精神分析师最需要帮助的就是这些处在内部巨大变化中的患者。我们坚信，整体的分析过程会因为专业人士的援助而变得简单许多。此时，我们需要将一种可能性纳入考虑范围内，那就是这些困扰也许并不是个人能力可以克服的，以至于造成了无法复原的损伤。又或者，他觉得自己在根本上已经不坚定了，并可能会因此而不管不顾地去做一些事情，比如在驾车的时候不顾性命或者拼命参与赌博，对他的生命造成威胁，甚至有自杀倾向。

在对自我分析进行观察之后，我并未发现这种十分糟糕的结果曾经出现过。不过，这些有限的观察并不能得出确凿的结论。例如，我无法证明在一百个人里面，就仅有一个人遭遇这种悲惨结局。但是，完全可以坚信，自我分析仅仅存在非常少甚至是渺小到不值一提的危险性。通过观察所有的精神分析，能够发现患者在自己尚未进行全新的自我反省时是完全可以自保的。假如他们自身的安全会因为他们获得的解释而遭遇危险，那么他们肯定会下意识地不予接受。他们或许会将它忘记，或者让其不再发挥作用，或者不再与其争辩，又或者只是单纯地将之当作不公平的批判，进而产生怨恨心理。

能够确切地得出如下假设：在分析自己的过程中，这些自保力量发挥了效用。对于那种只是单纯地会把自己带往难忍境地的自我反省，意图自我分析的人是不会做的。在对这些自我观察进行说明的时候，一些基础点可能被他忽略了。也有可能他只是会想方设法快速而又浮于表面地改变他始终觉得不正确的态度，进而停止进行深入的调查分析。所以，与专业精神分析过程相比，在分析自己的过程中所面临的危险其实是比较小的，原因是患者的直观感觉告诉他哪些问题是自己应该避开的。而精神分析师，特别是敏锐的精神分析师，或许会做错事，进而把不正确的处理方式施加在患者身上。再者说，因为对问题过于逃避，在分析自己的过程中，所导致的最坏结果就是一无所获，但相比那种实际的伤害而言，这种一无所获倒也是少些坏处的。

假如一个人的确经历了彻底的分析，非常清楚地自我反省了那些对他造成困扰的根本问题，我坚信需要我们沉思的问题会有很多。首先，让一些真实情况浮出水面，发掘这些真实情况之后，在仍然感到困扰的同时还会有一种摆脱羁绊的感觉。在发掘任何真实情况的时候，都会有摆脱羁绊的力量隐藏其中，也许在刚刚发掘的时候，困扰的作用力就被其取而代之了。假如当真如此，马上就会感到慰藉。就算困扰有着非常强大的影响力，在发掘个人真实情况的过程中，对处理问题的最初认识依然会存在于其中。即便现在对这种认识尚不是非常了解，大家的直观感觉仍会告诉自己它是存在的，而且还会有更进一步的行动力量产生。

需要思考的第二个问题就是，就算这种真实情况会让人产生恐慌，那所产生的恐慌也只是如同周密谨慎的担忧那般。比如说，假如一个人已经在悄无声息间被引导着向自我灭亡一步步迈进，并且他自己也意识到了这一点，那么相比他在悄无声息间被引向灭亡所面临的危险，他对这种引导他的力量的清楚认识反倒会使他面临稍微好一点儿的情况。尽管这是一种让人恐惧的认识,不过，那些能够发挥消除作用的自保力量也必然会被其激发出来，虽然与此同时，他还拥有一些想要活下去的意志力。不管他是否展开分析，假如他不具备足够的想要活下去的意志力，就必然会彻底精神崩溃。更为详细地讲，假如一个人具有足够的胆量把自己糟糕的真实情况挖掘出来，那么我们就能够坚信他也具备接受整个分析过程的胆量。他已经获得了这样的胜利，这仅有的真实证明他具有非常强大的意志力来与自己做斗争，从而能够确保他不会遭遇精神崩溃的情况。不过，从倾尽全力着手处理问题，直至问题被处理好，还有怎样将愿望和实际情况融合在一起，这个分析自己的过程或许会非常漫长。

最终，我们必须要记住，在分析期间那些真正让人恐惧的困扰产生的根由，在通常情况下，都不只是因为在分析过程中无法获得合理的说明。下述事情中所隐藏的才是真正导致让人恐惧的困扰形成的根由：这样的说明或者整体的分析情况，让病患直接对精神分析师产生了怨恨心理。假如这是一种没有被发觉的怨恨，那么它没有办法发泄出来，从而成为自我毁灭倾向的一部分。怨恨精神分析师的一种表现方式也许就是自我毁灭。

假如一个人的确处在一种自我反省的境况中，并且情绪烦乱不堪，那么，唯一的方法就是自己跟它搏斗下去。又或者做事小心慎重，不受那种把责任推卸给其他人而自己避免反省的引诱。这是一种合情合理的小心慎重，原因是，假如他越来越倾向于把因为自己的缺点而产生的责任推卸到其他人身上，那在他尚未意识到自己必须要担负起责任的时候，只要他将自己的缺点挖掘出来，在自我分析的过程中，这种倾向就会得以增长。

所以在我看来，在允许的范畴内，相比之下，自我分析并没有太大的实际损害。毫无疑问，种种怯退都会在自我分析期间产生，这种怯退最主要的影响就是，没有办法将分析过程坚持到最后，因此怯退的本质和范畴多少是有些严重的。想要把某个问题揪出来，并且处理好，或许是一个更加漫长的过程。不过，这些怯退也是存在很多抵抗要素的。可以肯定，自我分析因为这些要素而变得更加适用于患者，满足了他们的需求。首先，上面所讲到的那些显著的外在要素也包含在里面。因为经济、时间以及居住地等因素，导致一些人无法接受定期分析治疗，对于这些人来说，自我分析是非常合适的。更有甚者，对于那些正在经历分析治疗的人而言，假如他拥有足够的勇气在分析交谈的间断期间或者分析过程中独自一人进行积极的自我分析，那么整个分析过程就将加快。

除了这么显著的原因，那些可以自己展开分析的人还会获得一些其他收获。这种自我分析的特色就是，相比有形的东西，更为重视精神方面的研究，不过，真实的东西仍旧是存在的。这些收获可视为由于增加了内部力量而使自信心变强的结果。所有的精神分析在顺利进行之后，都会使自信心变强。假如在全然凭借自己的积极性、勇气以及坚强不屈的精神的前提下，一个人攻克了某一领域，那么在这个过程中，他肯定会另有所获。就好像人生中别的领域那般，精神分析的这种作用完全依赖于自己开辟一条道路，相比原先所走的那条道路，这条道路会让自己感觉拥有更加强大的力量。这种成绩会让人感到无可辩驳的自豪，并且还会有一种自信心油然而生，坚信自己一定有本事克服艰难的境遇，同时，坚信自己不会在毫无指导的情况下感觉不知所措。

第二章
神经症的驱动力

正如上面所讲的，由于精神分析具有协助人们往比较好的方向更进一步发展的潜能，所以在精神症治疗方面，精神分析不但具有临床意义，并且具有人性价值。在追求这两种目标的时候，其他方式都是可以采用的。不过，精神分析的独特之处就在于尝试利用人们彼此之间的理解把这些目标变为现实——并不只是凭借同情、宽容以及对彼此关系的直观感觉，因为想要了解人类，就必须要具备这些品质。最关键的是，凭借努力而得到个性上的更加精确完整的图像。这些都是运用了挖掘潜意识因素的特别技能才完成的，原因弗洛伊德已明白地讲过了，在对潜意识力量一无所知的情况下，是没有办法获得这些图像的。通过弗洛伊德，我们得知这种力量将会督促我们产生完全有悖于我们理智的行动、情感以及反应，我们和四周世界之间让人满意的关系很有可能会因为这些行动、情感以及反应而遭到毁灭。

毫无疑问，所有人都具有这种潜意识动机，但它们并不总是造成困扰，唯有在遭遇困扰的时候，对潜意识因素的揭露与了解才是重要的。不管促使我们去描述与书写的是怎样的潜意识力量，在这个过程中，假如我们可以用最理智的行为表现自己的见解，这些问题都将不需要我们耗费太多的精力去考虑。不管我们是在哪种潜意识动机的引导下学会了爱或者奉献，只要我们在生活中因为这种爱或者奉献获得具有建设意义的满足感，那么，这种动机就一定无法吸引我们。假如我们非常向往在进行生产性工作或者与人友好相处中的显著成功，但是我们最终获得的只有失落或者沮丧，抑或虽然我们进行了努力，不过所有尝试都接连夭折了，我们消极地意识到这些不成功并不是外界环境导致的，在这个时候，那些潜意识因素就是我们不得不思考的问题。总而言之，假如我们的目标受到了内因阻挠，我们就一定要对自己的潜意识动机进行审察。

这种潜意识动机是由弗洛伊德提出来的，已经被人们视作人类心理的一个基础事实，并得到了认可，尤其是对于潜意识动机方面的知识，人们能够通过各种方法得以累积，在此就不详细叙述这一主旨了。起初，弗洛伊德本人写了《精神分析导论》《日常精神病理学》以及《梦的解析》等作品，艾福斯·亨得科也写了《精神分析病例与理论》等众多总结弗洛伊德理论的作品。另有一些作者试图尽可能地将弗洛伊德的基本见解发扬光大，其中，哈利·史塔克·苏利文在创作《现代精神病学概论》时，爱德华在创作《临床范围之外》时，埃利斯在创作《逃避自由》时，我本人也在创作《我们时代的神经症人格》《精神分析的新方向》时，马思勒与贝罗在合力创作《不正常心理的原则》时，还有弗里茨在创作《人格的发展与教育》时，都在各自的书中添加了很多宝贵的见解，这些都具有阅读价值。涉及哲学领域的作品，尤其是艾默生与苏克班哈那的作品，将心理学领域的宝贵知识展现给那些怀着谦逊之心去看的人。在心理学领域，莎士比亚、巴尔扎克、陀思妥耶夫斯基、易卜生和别的作家都是源源不断的源泉，就像查尔斯所创作的《野鹅及其追逐法》那般。经由对周边环境的审察，我们必然会学到很多知识。

这种潜意识动机的存在以及效验的知识，对引导精神分析的尝试很有帮助，尤其可以极大地帮助那些认真分析而不是以练嘴皮子为目的的人。对于这样或者那样的因果关系，它或许是将其一步一步逐渐挖掘出来的有用方式。但是，对于那些更具体的精神分析，就需要进一步地有意了解阻碍进展的潜意识因素。

将隐藏于人格中的驱动力挖掘出来才是了解人格的最基本方式。假如想要对受到困扰的人格进行了解，那么将形成困扰的驱动力挖掘出来就是最基本的方式。

如今，我们之间的分歧更大了。在弗洛伊德看来，是环境因素和压抑性潜意识的本能欲望相互之间的矛盾产生了这些困扰。相比弗洛伊德，埃德勒具有更加理性、更加明显的观点，在他看来，这些困扰源于人们宣称的种种比别人强的方法。与弗洛伊德相比，荣格更具有神秘色彩，他坚信种种潜意识的幻想尽管或许具有创造性，不过，因为这些幻想所孕育出的潜意识的努力恰好和那些意识思维里的努力背道而驰，所以糟糕的结果或许会因潜意识的幻想而产生。在我看来，不管是怯懦、沮丧还是孤单，心理困扰是以在生存搏斗期间扩大的潜意识努力为中心的。这些心理困扰被我叫作“神经症倾向”。我的观点完全不同于弗洛伊德跟荣格，并且，和正确答案有着非常远的距离。不过，对于自己希望获得的答案，所有探寻未知世界的人都是怀有幻想的，只是没有办法确保自己的幻想是完全没有错的。就算并不是正确的幻想，也会意识到这一点。现在，心理学领域并不具备充足的知识，对于我们来说，这种真实情况或许会是一种宽慰。

如此说来，神经症倾向到底是怎样的呢？它们的根源、特征、影响以及在生活中发挥的作用都是怎么样的呢？潜意识是构成它们的最本质的因素，这是不得不再次强调的一点。对于它们所发挥的作用，一个人或许发现了，虽然如此一来他或许会只愿意相信自己所具备的个性是值得称赞的。例如，假如他产生一种神经性的情感需求，他会感觉那些美好的、讨人喜欢的气质是自己身上所具备的。假如他被神经性的完美主义完全掌控住了，他会感觉，相比其他人，自己天生就更加井井有条，并且不会出现任何失误。甚而，或许会让他窥见这种结果正形成于某些动力，抑或在他开始关注这些情形时，它们就会被他辨别出来。比如说，他或许会认识到自己缺少爱，或者要让自己变得完美。不过，对于这些努力是以怎样的程度掌控他的，以及他的人生因为这些努力而受到了怎样程度的决定性影响，他肯定是一无所知的。此外，对于这些努力为何将这么强大的力量施加到他身上，他也是一无所知的。

神经症倾向的强迫本质是它最重要的特点，并且其表现形式分为两种。一是毫无选择地追求目标。假如是一个人必须具备的情感，他能够从朋友、仇敌、老板或者对手那儿得到。假如一个人受困于想要让自己一切都很完美的情绪中，那么他的心理将不再处于平衡状态。即便是想要在正确的地方安置自己的办公桌这样微不足道的一件事情，其急切程度也将会像想要做出一份毫无瑕疵的重要报告那般。对于那些目标，他甚至会在完全不顾实际情况与自身利益的情况下去探索。对于一个女人来说，假如她把自己生命的责任完全寄托到一个男人身上，那么她是完全不会去考虑这个男人是不是可靠的。并且，她也不会去考虑那个人是不是自己爱的，是不是值得自己尊重的，以及和他一块儿生活是不是会得到真正的快乐。假如一个人一定要独立自主，并且自给自足，他就不会让任何人、任何事束缚住自己，而全然不顾这样做会让怎样严重的损害降临到自己身上。在一般情况下，这种毫无选择性的举措并不能被患者自己意识到，却可以被其他人轻易看出来。但在通常情况下，假如这些特别倾向对他不利，又或者完全不符合他原本所认可的那种形式，旁观者只会对这些没有任何目标的选择产生深刻印象。例如，强迫的抵抗性会引起他的关注，而强迫的服从性则不会。

神经症倾向的强迫本质所呈现出来的第二种形式是一种焦虑反应，它是由于挫折而不断产生的。由于它把这些倾向的安全性完全体现了出来，所以，这是一种意义非凡的特征。一个人假如遭受到了强烈惊吓，那么不管是因为内因还是外因，这些强迫性探索都将发挥不了任何效用。一个人若是做错了事，即便他是个正常人，也会产生恐惧心理。一个迫切希望得到极度自由的人自然会畏惧所有困住他的情况，不管是订下婚约，抑或租房子。在巴尔扎克所写的《使皮球懊恼》那本书中，就非常出色地详细地解释了这种畏惧反应。不管是什么时候，这本书的主人公都坚信自己只要将任意一个愿望讲出来，自己的生命就会缩短，所以，他急切地希望自己可以摆脱这种状况。不过，某一次精神一放松，他就又把自己的一个愿望讲了出来，即便他所讲的只是一个微不足道的愿望，但内心依然充满了强烈的畏惧感。这个事例证明，在神经症患者面临生命危险的时候，他的内心就会充满了畏惧情绪。假如他不再完美无缺，不再拥有全然的独立自主，抑或他不再拥有那些可以证明他需求标准的事物，他就会产生一种“全部完蛋了”的感觉。神经症倾向的强迫特征之所以会形成，最重要的原因就是这种安全价值。

我们只需对这些倾向的根源进行观察，就可以对它们所产生的影响具有良好的认识。这些倾向是在生命起始之时形成的，是天生的气质与外界环境共同作用的结果。通过父母的严厉管教，孩子会养成温和顺从的性格，还是顽劣不堪的性格，不但与父母所施加的压力有关，还与孩子天生的性格有关。例如活泼的程度，天生比较温和柔顺或者强势等。相比气质方面的原因，我们反倒对环境原因拥有更加清晰的认识。并且，具有更加敏锐的情感变化的就是环境原因，所以，我只打算分析这些原因。

不论什么情况下，外界环境都会对孩子产生影响，需要关注的是这些影响对孩子的成长是有好处的，还是造成了障碍。孩子和父母、家中的其他孩子以及周边人们之间的人际关系才是孩子在成长过程中会倾向于哪一方面的重要原因。假如生活在温馨的家庭，家里人彼此之间充满关爱，并且相互顾及彼此的自尊，那孩子就一定会顺利长大。

让人感到遗憾的是，在我们的文明世界中存在很多对孩子的成长非常不利的环境因素。尽管父母亲抱着非常美好的愿望，但或许他们给了孩子太大压力，从而导致孩子丧失了所有的主动性与创造性。让人无法呼吸的爱与强迫的混杂，专横与称赞的混杂，都有存在的可能性。父母或许会告诉孩子外面的世界是非常不安全的,并以此威胁他们。孩子可能会在父母的强迫下站到其中一边，抵御另一方。父母正在搞砸一种和谐的关系，让这种关系变成单方面的专制，这种结果也许是他们不曾预想到的。特别关键的是，这会让孩子觉得按照父母所期许的那般生活才是他人生的意义——向着他们所定下的水平与理想前进，增加父母的名望，盲目地服从父母。换句话说，对于他本人的权利与义务，他丝毫都没有意识到。在一般情况下，这些都是在悄无声息间进行的，所以，这种行为就造成了更加严重的影响。除此之外，在一般情况下，大多是好几种糟糕因素相互作用的结果，而并非只是一种。

孩子因为这种生活环境而无法建立正确的自尊心。不安、忧虑、恐惧、寂寞以及愤懑等情绪充斥着他的内心。对于周边的这些力量，他在最开始的时候感到束手无策，但凭借着直观感觉与经验，他与生存环境搏斗并避免自己遭受伤害的方式就会慢慢得到发展。对于旁人，他就会想方设法慎重对待。

整体环境的综合作用完全影响了他培养自己的特殊本领。一个孩子意识到，一些麻烦事可以通过顽固的反叛与偶尔发火而避免发生。他把自己禁锢在由自己做主的岛屿中，并把其他人都排除在外，他对一切针对自己的命令、建议或者期许感到憎恶，原因是他的私密世界因为这些而遭到了威胁与侵袭。另外一个孩子将要面临一条狭窄的路，他唯有将自己以及自己的情感都消除了，盲目地服从，才能获得一小块这儿的或者那儿的属于自己的自由小天地，这是仅有的弥补。这些未被侵犯的地方是原始而又伟大的。一开始，这些地方只代表一个人偷偷在浴室中手淫，而后发展到大自然、书本以及想象中的世界等。和这种方式背道而驰，第三个孩子并不会对自己的感情完全无视，反倒是对父母采取了完全服从的方式，进而将这种最强大的力量作为自己的后盾。只要是父母喜欢的，他就会去喜欢，只要是父母讨厌的，他也会学着去讨厌，并盲目地这么做，完全参照父母的日常生活模式以及人生观。这种倾向或许会让他难以忍受，不过与此同时，想要满足自己的热忱也会因此而被激发出来。

如此一来，神经症倾向的根基也就形成了。他们对一种在糟糕环境下的生活方式进行了叙述。为了消除孩子的生活方式，这些根基是他一定要拥有的。为了消除孩子的不安、畏惧以及孤单情绪，他也一定要拥有这些根基。不过，他也会因为这些根基而产生潜意识的情感，也就是说，他一定要在建立在种种争执之上的道路上站稳，从而避免屈服于那些胁迫他的危机。

我一直坚信，只要对孩子在童年时期的一切具体生活情况有着充足的了解，就能知道孩子的某种特征是怎样形成的。假如想要证实这一观点，就一定要具备丰富而详细的孩子的成长记录，所以，在这儿是绝不会进行证实的。这种证实也完全不需要进行，只要具备和孩子一起生活的大量经验，或者能回忆出孩子们过去的发展情况，自己自然可以将这个问题考据出来。

当这种最开始的进展已经发生时，是否还需要接着进行下去？假如孩子已经因为生活环境而习惯了顺从，产生了抵触情绪，而且自信心匮乏，这种情况还是他需要维持的吗？答案是：虽然防御本领是他必然要具备的，不过，他仍然有很大的可能性还在维持这种情况。也许在最开始的时候，环境的改变会让这些缺点消失或稍微被克服，甚至在过了很长时间之后出现很多好事。例如，遇到一位可以理解他的老师，与一个好朋友、爱人或同事来往，或者拥有一个有意思的工作岗位，他的性格非常适合这个岗位，并且可以充分发挥自己的能力。然而，在没有强大的力量来消除这些缺点的时候，就会面临严重的威胁，不但原本的倾向会一直存在，并且最终，还会永远保留在他的人格之中。

假如想要搞清楚这种延续性，就一定要彻底了解到，相比孩子和严厉的父母做抗争而以此获得有效自保的计策，这些倾向要更严重。因为内因的发展，孩子在解决普通生活的时候，唯一会采用的计策就是这些倾向。在面临危机的时候，野兔会选择避免战斗的计策——孩子所使用的唯一的计策就是这个。由于他压根无法进行战斗，所以他绝不会选择战斗。相同的道理，在困难的环境中，孩子养成了一种生活态度，这些态度主要在神经症倾向上得以体现，他没有办法根据自己心中所想的那般去改变，只能任由其继续下去。但是，这与野兔的方式并不是完全类似的。因为野兔在面对危机的时候，它的天性让它只能采用这种方法进行应对，而但凡是天生头脑与身体都健全的人，就必然还具有别的潜能。他之所以要一直坚持自己的特殊生活态度，不只是因为他个性上的限制，还因为他全部的怯弱、压抑以及脆弱，他被不正确的目标以及自己对世界不切实际的观点所局限，从而导致他采用这样一些方法，却不采用其他方法。总而言之，这让他形成了非常顽固的性格，一定要保持一成不变。

论述这一看法的方式是将孩子与成熟的大人进行比较，看他们在人际交往的过程中怎样表现得较为困难。下文所讲的比较只体现在论述上，并不期望能将这两种情形中所出现的一切因素都予以解决，这是必须记住的一点。一个现实生活中的患者浮现在我的脑海里，她叫作克莱尔。我们以后再讲与她相关的精神分析。她的妈妈非常虚伪，一直希望孩子可以尊重她，并全心全意地爱她。她是个被雇佣的职员，当然也是一个心理正常的人。她的人品与她的老板非常相似。克莱尔的妈妈与她的老板都扬扬自得，感觉自己是非常值得尊重的人。他们都非常专制，无法给其他人公平的关爱。假如他们感觉自己没有获得应得的尊重，抑或他们认识到一个人试图批判他们，他们就会敌视这个人。

在这种情形下，身为职员的人假如具有充足的理由继续待在自己的工作岗位上，他多少会下意识地想要强化自己控制老板的本事。对于老板，他就不会进行任意批评，并且还会尽力称赞老板的一切优点。老板的对手从不会得到他的称赞。对于老板的计划，他会在丝毫不顾及自己观点的情况下全力支持。在将自己的观点讲出来时，让老板觉得他早就已经着手去做了。他的个性会因此而产生怎样的变化？毫不出错的辨别能力会遭到他的轻视，而欺骗则会获得他的青睐，并持续进行下去。不过，因为他自己也是有自尊心的，所以，他觉得自己并不会因为这种情况丧失体面，而老板却会因此颜面无存。假如他的老板换成另外一个人，他所采用的方式就会有所不同。

对神经症倾向进行了解的最关键之处，就是要能够辨别神经症倾向和这种特殊计策不一样的地方，不然的话，它们的力量与普遍性就无法得到了解，便会和阿德勒一样犯错——过分简单和理性化，最终，它很容易又会被当作治疗学工作去做了。

由于克莱尔的妈妈跟那位老板有着相似的品性，所以，克莱尔的情况能跟那位职员作对比，但克莱尔非常需要更具体的分析。她并不受欢迎。她的爸爸妈妈感情不好，在生了一个男孩之后，她的妈妈本打算不再生了。她妈妈在怀着她的时候屡次想要放弃她，最终却没有成功。妈妈对她并非不好,也没有用粗鲁的方式轻视她：在物质方面，她得到了和哥哥相同的对待，同样去上学，同样获得很多礼物，并且连他们的音乐老师都是同一个人。然而在一些不具有实质性的事情上,她的哥哥要比她得到的更多。她不受重视，旁人丝毫不关心她的成绩和在孩子们心中数以千计的生活琐事；没有人在她生病时关心她，旁人丝毫不在意她是否在现场；对于她的长相与成绩，别人从不夸赞，并且没人想要和她做好朋友。她遭到妈妈的排斥，妈妈和哥哥那种亲密的关系是她没有办法进入的，虽然对于孩子来讲，这并不是一种意义非凡的关系。她的爸爸不知道应该怎么办才好。作为一名乡村大夫，他待在家里的时间非常少。克莱尔有意跟他培养感情，不过，他丝毫不关心两个孩子。他全心全意地爱着她的妈妈，只把那种毫无作用的爱给她。最后，她居然被妈妈公然嘲笑,并遭到轻视。妈妈拥有操控全家人的权力，深谙人情世故，并且没有任何魅力。对于爸爸，妈妈显然是讨厌跟轻视的，甚至公然叫他去死。这些极大地影响了克莱尔的感情世界，让她觉得想要获得安稳，就要站到强大的人那边。

这种情形导致克莱尔从未找到培养自己自信心的机会，她找不到足够自己进行反抗的理由，而烦闷、生气以及怨恨的情绪充斥在她心中。她一直感觉自己是不正常的，并且，她还因为这个原因遭受他人的嘲笑。尽管妈妈与哥哥非常清楚她是因为自己遭受了不公平待遇才会这样，不过他们却宣称克莱尔之所以会这样，是她那让人生厌的个性在作祟。克莱尔内心一直都是不安的，她很容易就赞同了在旁人眼中自己是怎样的，她一开始就觉得错的只有她。妈妈是如此漂亮，充满了吸引力，得到所有人的称赞；哥哥聪明伶俐，活力四射；跟他们比起来，她就像一只丑小鸭。她坚信自己是个非常不受人待见的姑娘。

一开始，她基本都是被旁人明确而又有理有据地责怪着，如今她自己却不明确而又没有丝毫根据地责怪自己。这是一种意义重大的改变，我们此时就能够意识到，相比接纳其自我评价的关键问题，这种改变具有更大的影响，还代表着她把对妈妈的埋怨情绪都隐藏了起来。假如所有的过错都在她自己身上，那她就完全没有理由埋怨妈妈。这种怨恨的潜意识压抑只不过是她迈出的第一步，意味着她加入了那些称赞和迎合她妈妈的人中。更进一步地服从大部分人的观点，就是竭力在没有充足根据的情形下对所有不尊敬妈妈的人和事物表示不赞同。相比找妈妈身上的缺点，更安全的是审视自己身上的缺点，假如她也加入称赞妈妈的行列，她可以避免孤单，避免受到冷漠的对待。与之截然相反的是，还怀有想要获得爱的期望，至少不再遭到他们的排斥。渴望获得爱不会损害自己的物质利益，不过毫无疑问的是她能够得到有用的礼品。就像那些喜欢旁人夸奖自己的人那般，妈妈也会非常大方地夸奖那些尊敬她的人。克莱尔摆脱了丑小鸭的境遇，不再遭到轻视，成为了不起的妈妈的女儿，因此她也是了不起的。自信心遭到了极大的损害，取而代之的则是构建在外界称赞基础上的虚假自豪感。

克莱尔从发自内心的抗争转变到虚伪的称赞，导致她原本就不够强大的自信消耗殆尽。假如使用一种不太准确的术语进行描述，那就是:她把自己弄丢了。对于她本人的爱、怨恨、畏惧以及欲望，她已经模糊不清了。她不再愿意将自己的爱表现出来，甚至失去了表达愿望的能力。尽管在表面上来看，她是非常开心的，但事实上，她深深地意识到自己是不配拥有爱的。因此，当她最后遇到爱她的人时，她不清楚这种爱有着怎样的价值，从而用不同的方式将其拒之门外。她偶尔会觉得喜欢她的人没有正确地认识她，她所有地方都不值得别人喜欢。她偶尔还会觉得，别人之所以会爱她，是因为他对她做的那些好事怀有感恩之心，又或者是他希望她往后可以帮助他。她与人们的交往因为这种怀疑而受到不利影响。她不知道怎样的事情是需要被批评的，在做事的时候都会潜意识地依照一种标准，那就是相比批评别人，更好的方式是称赞他。她的才能受困于这种态度。事实上，这是一种非常难得的才能，恰恰是因为这种态度，让她感觉自己是如此的蠢笨。

她因为这些原因而导致了两种神经症倾向。第一种是强迫式的谦逊，甚至连自己的愿望与请求都被克制住了。她因为这种强迫式的谦逊而将自己置于不重要的位置，相比自己，反而更多的是为旁人考虑，并且总是感觉自己是不正确的，旁人才是对的。除非有人可以让她依赖，有人可以保护、安慰、鼓励以及称赞她，并且对她负责任，把所有她必需的东西都给她，不然的话，她即便是在这种有限范畴内仍会感觉不安。对于掌控自己人生的能力，她是缺乏的，所以这些都是她必需的。因为这个原因，她又多了一个需求，她急需“同伴”——好友、爱人或者丈夫——她能够把他当作可以依赖的人。她会如同服从自己的妈妈那般服从他。并且，她那被毁掉的自尊会因为他对自己全心全意的爱而得以修复。第二种神经症倾向，是一种迫切地想要超过旁人并且比他们强大的需求——相同的是都怀有重建被摧毁的自尊的目标，不过与此同时，还怀有因为长时间受伤与屈辱而积攒起来的复仇因素。

此时，比较一下我们所陈述的情况，并且进行总结：为了应对自己所面临的情况，职员跟克莱尔都形成了自己的计策，两种能力都是把自己融入周围环境之中，并且采用称赞的态度来取悦拥有自己操纵权的人。所以，从大体上而言，他们有着基本相同的反应，不过事实上，这两者之间并不是没有任何差别的。职员仍旧保持自尊心，没有失去批判的判断能力，也并未将自己的愤懑克制下来。但克莱尔自尊心受到了摧毁，所有的怨愤恼恨都被克制下来，并将自己的批判能力丢弃，成为一个非常谦恭的人。简单来说，那个大人只是把自己的做事行径改变了一下，那个孩子却是让自己的人格发生了变化。

神经症倾向这种顽固的渗透性本质具有治疗的潜在意义。患者总是期望只要他们自己发觉了强迫的需求，就可以马上把自己的这些想法抛掉。但是，假如持续存在操控他们的倾向，而且这种倾向丝毫没有减弱的意思，那他们就会产生一种沮丧情绪。下面这些的确不是不切实际的愿望：一些并不严重的神经症在被发现之后的确是消失了，关于这个问题，将会在“偶尔的自我精神分析”一章所引用的一个事例中讲到。不过，这种希望在更加严重的神经症中就绝不会实现，正如失业这个社会性的灾祸那般，它不会因为这个问题一被意识到就可以让失业人员马上又拥有工作。不管是社会问题，抑或是人格问题，都需要分析那些导致摧毁性倾向以及让这种倾向持续下去的力量，假如情况允许，还需要掌控这些力量。

对于神经症倾向所指的安全问题，我进行了着重说明。就像上面所讲的，造成这些特征的是强迫的性格。不过，绝对不可以轻视神经症倾向所建立的满足的感情或者对满足的期望。尽管这种感情或者期望的程度并不是一成不变的，不过却是永远不会丧失的。诸如需要完善自己或者强迫的谦逊等神经症倾向中，最关键的就是自我保护方面。在另外一些神经症倾向里，会有非常强烈的经由战胜而获得或者希望获得的满足，从而导致这种斗争拥有生死搏斗的特点。比如说，神经症需要依赖，所以在一般情况下，对于即将操纵自己人生的人，患者会抱有非常大的期许，期许他让自己快乐。对于治疗来说，强有力地请求得到或者希望得到满足的愿望将会对治疗产生不利的影响。

神经症倾向的分类方式有很多种。那些竭力想要跟旁人亲近的症状与那些冷淡、疏离的症状形成对照。从整体来讲，各种形式的依赖性都能与强调独立的症状形成对比。狂妄自大到病态的倾向可以和生活压抑形成一对。突显个性与适应或者消磨掉自我个性是同种类型的，自我膨胀和自我贬低同属一类。不过，由于这些种类都是相互交叉的，所以展开这种分类说明不了任何问题。因此，我只想要把现在突显出来的神经症倾向罗列出来，这些倾向均属于能够被叙述的整体。对于所列举的这几条，我坚信是不完整并且没有明确分类的。别的倾向就必须要有所增添，一种独立倾向的总体也有变成另一种倾向中的其中一种的可能性。假如所有倾向都得到了详尽的阐述，那就超出了这一章要讲的内容范围，尽管有必要对这些进行叙述。在之前已经出版的书籍中，已经具体描述了其中一些。在这里罗列出这些倾向，同时，在下面简单叙述一下它们的主要特征。

1. 对感情与认同的神经症需求（详见《我们时代精神病者的人格》第六章“有关感情的需求”）：

盲目地讨好旁人，同时获得旁人的喜欢跟认可；

盲目地满足旁人的期许；

轻视自己，重视旁人，不顾一切地看重旁人的愿望与观点；

不敢自己做主；

担心自己会遭到旁人的怨恨，并且不敢怨恨旁人。

2. 神经质地想要“同伴”操纵自己的生活（详见《精神分析的新方法》第十五章“有关色情受虐狂”以及弗洛姆所写的《逃避自由》第五章“有关权力主义”，以及第八章的事例）：

对“同伴”过分重视，觉得同伴会让他把生活中所有的期许都变成现实，替他负责，帮助他获得成功就是同伴最重要的工作；

由于“爱”被当作处理所有问题的诀窍法门，就高估了“爱”的力量；

畏惧被抛弃；

畏惧孤单。

3. 神经质地想要在自己狭窄的内心世界中限制自己的生活：

不具备任何期望，轻而易举就获得了满足，把自己远大的理想隐藏起来，克制自己的物质欲望；

秉持沉默是金的原则，把自己放在从属位置；

轻视自己所拥有的才智与潜能，把自己最有价值的地方隐藏起来；

努力俭省，不希望浪费；

不喜欢提要求；

畏惧出现或者表达膨胀的愿望。

这三种倾向经常结伴出现。这是能够料想到的，原因是这全部都是弱点的基础，这个基础还会试图对生活进行安排。它们完全不同于依赖自己的力量和帮自己担负责任的倾向。但是，这三种倾向无法组成症候群。在缺乏另外两种倾向的重要影响下，仍然存在第三种倾向。

4. 神经质地想要“权力”（详见《我们时代精神病者的人格》第十章“有关权力、声望、财富的需要”）：

操纵别人以获得主控权；

为事业、职责以及责任做出贡献，虽然发挥了一些影响力，不过还不能视为驱动力；

对别人一点儿都不尊敬，无视他们的人品、自尊以及他们的感情，只想要他们顺从自己；

对牵扯到的摧毁性因素所具有的反应在程度上有非常大的区别；

肆意对强大的人表示崇敬，并且看不起弱势群体；

畏惧局势无法掌控；

畏惧单独行事，得不到外力援助。

4a. 神经质地想要凭借理性与计策把自己和他人都掌控起来（详见“太过克制而无法直接公然使用权力的人”第四种）：

坚信才能和理性的权力；

对于感情上的强大力量，不但不予认可，还予以蔑视；

感觉深谋远虑以及预言是意义深远的；

超越别人的感情和预料到的才智相关；

蔑视所有自身比不上智力优势的图像；

不敢正视理性权力的限制，即便它是客观存在的，仍旧害怕承认；

畏惧“蠢笨”的、无水准的判断。

4b. 神经质地想要坚信意志力是具有可能性的（假如使用含糊不清的话来讲，直接对性格十分孤僻、内向型的第四种人使用权力，代表着要常常接触别人）：

对意愿的奇妙力量深信不疑，进而认为力量非凡（仿佛得到了一枚许愿戒指）；

畏惧希望破灭的失落；

限制愿望，或者将之舍弃，以及因为害怕“不成功”而没有了兴致的倾向；

害怕了解到所有愿望的任何限制力。

5. 神经质地想要让他人为己所用，而且为了从他们身上得到好处，什么手段都使得出来：

把别人是不是可以为己所用作为评价他们的重要指标；

种种利用的关键所在——金钱（斤斤计较，上升到一种强烈的感情）的观念、情欲以及感情；

因为利用他人的技术而扬扬自得；

担心遭到“利用”，也就是担心变成“笨蛋”。

6. 神经质地想要得到社会的认可以及在社会上的名望（或许和、或许不和权力的欲望联系起来）：

所有东西——不具有生命的东西，财富、人类、一个人的特点、行为和感情——对于这些，都只凭借名望的价值进行评价。

根据人们接纳的情况来决定自我评价；

也存在不一样的地方，就是使用传统的或者反抗的方法将艳羡、称赞、讨好等激发出来；

不管是因为外因抑或内因，都害怕没有了社会地位（“耻辱”）。

7. 神经质地想要个人的称赞：

过分夸大自己的形象（自恋）；

想要他人称赞讨好自己，这只是为了幻想中的自己，而并非所具有的或者呈现在大家面前的自己；

根据与这个形象相符以及他人对这个形象的称赞来进行自我评估；

担心这种称赞不再属于自己（“耻辱”）。

8. 神经质地追求个人成就的野心：

想要比别人强，并非凭借他所呈现出的状态或者自己所具有的素质，而是凭借行动；

自我评估有赖于变成最优秀的人——爱人、运动员、作家或者工人——并且，还要成为他人眼中最不可缺少的那个人，大家都不讨厌他；

从来没有减少混杂着的毁灭性倾向（一种把其他人打败的倾向），只是强度有所变化；

虽然满怀焦虑，还是固执地想要获得更大的成就；

害怕不成功（“耻辱”）。

第 6 种倾向、第 7 种倾向以及第 8 种倾向存在一个相同的地方：在全然战胜别人的方面，或多或少存在一些公开竞争。不过，虽然这些倾向有一部分是相同的，并且还有存在关联的可能性，它们仍会演变成一种独立存在的倾向。比如说，个人称赞或许会和对社会名望毫不在意保持一致。

9. 神经质的高傲跟独立自主：

不想要任何人的援助，任何事物都左右不了他，也无法约束住他，对所有可能发生的役使都不屑一顾；

远远躲开可以获得安全的唯一根源；

畏惧对其他人产生需求，害怕受到约束，不敢靠近，也畏惧爱。

10. 神经质地需要完美无缺（详见《精神分析的新方法》第十三章“有关超越”和“担心自由”，第五章“有关机械的一致”）：

追求完美无缺，并且对此非常固执；

反省或许存在的缺点，并责怪自己；

因为完美而感觉比其他人强；

不敢正视自己身上的缺点，害怕做错事；

担心遭到评判或者反抗。

通过对这些倾向进行观察，得出一个需要思考的问题：就其自身而言，这些倾向所含有的努力跟形式都是正常的，并且不缺少人类的价值。我们大部分人对感情都是憧憬和欣赏的，也都克制自己，谦恭并关注别人，希望从旁人那儿获得自己的完美生活，起码这在女人身上是“正常”的，甚至是公平合理的。我们会不假思索地称赞这些努力里的一些。在通常情况下，自信、独立以及理性的指示教导是意义深远的。

顾及这些真实情况，必然会不停地引发问题：这些倾向为何被叫作神经症倾向？它们到底什么地方出错了？假设在有些人身上，一定的倾向占有有利条件，甚至相当的顽固，而另外一些人的举止则被全然不一样的倾向左右着，莫非这些追求的类型不就是把人们不一样的价值观及同生活斗争的不一样形式体现出来了吗？例如，性格不强硬的人不质疑感情，坚强者不质疑独立自主，希望自己可以掌控自己，这是自然而然就会发生的事情啊！

提出这些问题是有用的，因为这对认识这种基本的人类努力，估价与这种努力相类似的神经症倾向，不仅具有理论上的重要性，而且具有极其重要的实践意义。这种差异简直就好像正 7 与负 7 的差别那般——两个同样是 7 的数字，如同我们运用一样的单词：

感情、理智、完美无缺，不过，它们的特征与价值因为前面的正号或负号有了改变。在讲职员与克莱尔那个女孩的时候，我们已经讲过了表面相似背后的比较。不过，还存在一些系统的对比，以便让正常情况和神经症倾向之间有差别的地方得到更进一步的清晰叙述。

唯有对旁人有一种和他们拥有相同点的感情时，期望获得旁人的爱，这才是有价值的。既强调获得友情，也强调对旁人的感情，同时，还要表现给他们知道。不过，神经症的感情不需要彼此之间的联系。原因是，神经症患者的爱是非常少的，就好像他们置身于素不相识的人或者具有攻击性的动物包围圈那般。准确来讲，他并非真的想要别人喜欢他，只是强烈而又紧张地关注别人，不希望他遭到别人的近距离攻击。在这样的关系中，彼此理解、宽容、关爱以及同情的价值都是不存在的。

相同的道理，为了让我们的天分与才能趋于完美，我们有为此付出最大努力的必要性，假如这是一种非常坚定的努力，而且它一直在我们的生活中存在着，那么毫无疑问，我们所生活的世界必然会变成天堂。不过，神经质地想要完善自己——这自然能够使用相同的术语表示，这种对完美的需求已经不再具有此类特定价值，因为一种一成不变的意图被它叙述或者表现出来了——丝毫无法改善，因为假如意识到自己存在缺点，就会极度惶恐不安，所以不得不设法避免这种情况发生。仅有的关注点就是犹如掩目捕雀般把所有的缺点都驱逐，以此避免被揭露出来，从而遭受侵犯，并且将超过别人的隐秘情感深埋起来。个人自身的积极行动在神经症的感情需求中是不具备的，或者说是降低的，仅仅是虚无现状的持续体现，而并非积极地努力。

最后一项对比：我们对意志力都非常看重，觉得在人生追求中，意志力这种力量是意义深远的。不过，在神经症患者看来，意志力的无穷力量只是蛊惑人的，因为这种信念从未将其限制力考虑在里面，这种限制力甚至对大部分坚定的努力表示否定，觉得周日下午交通拥挤的情况不会因为任意一种意志力而有所改善。再者，假如想要把意志力自身的影响体现出来，意志力的优点证明不了任何问题，因为所有短时间刺激的阻碍都会导致拥有这种神经症倾向的人萌生疯狂而又不顾一切的行为，不管这种特定目标是不是他真正需要的。的确发生了事情颠倒的情况：他已经被意志力掌控了，而并非他具备意志力。

这些事情完全能够证明神经症倾向的人的追求基本就是在效仿人类价值，但是这种效仿是扭曲的。他们的自主性匮乏，并且不具备自发性，没有内容，常常令人产生错觉。他们只具有主观性的价值，这类价值体现为他们希望获得安全，希望所有事情都可以得到解决，并为此拼尽全力。

还需要强调的一点是：对于自己所效仿的人类价值，神经症倾向是缺少的，并且他们还不知道如何表达自己的需求。比如，假如他全心全意地追求社会尊严或者权力，他或许会相信这些目的的确是自己想要的。实际上，就像我们已经见到的那般，他之所以会憧憬这些东西，完全是被强迫的。这就好像他坐在一架飞行着的飞机中，他以为自己是一位飞行员，而事实上，飞机之所以会飞起来，是因为遥控操纵。

然后，要大体了解一下神经症倾向怎样左右一个人的性格，对他的生活产生影响，并且已经有着何种程度的左右和影响了。首先，这些追求让他需要将一定的辅助的态度、感情以及种种行为方式发展起来。假如他具有无限独立的倾向，他就会对隐藏和孤单非常向往，小心防备他的秘密被相似的纷乱干扰，练成一种疏远别人的本事。假如他有克制自己生活的倾向，他就会谦逊、清心寡欲，并且所有比他上进的人都可以得到他心甘情愿的顺从。

除此之外，一个人所拥有的或者本应拥有的形象决定了神经症倾向。在评价自己的时候，全部神经症患者显然都经常变化，没有一个准确的答案，常常徘徊在言过其实与自我贬低这两种评价之间。在察觉到一种神经症倾向时，或许就会了解到为何某个人对自己进行这样的评价，却将别的评价隐藏了起来；或许还会了解到在存心与不经意间，他为何都会因为某些态度或者品格而特别骄傲，别人为何会在不具备确切客观缘由的情况下遭到他的轻视。

比如说，对于理性与预料，假如A已经建立了保护性信念，他不但会高估普通理性可以完成的任务，并且还会因为理性的力量、他的判断与预料而在内心产生一股特殊的骄傲感。他坚信他的才能比其他人强，并且，他还因为这种坚信认为自己比所有人都强。假如B感觉自己无法独自一个人站稳脚跟，从而不得不找一个可以让他满意并指导他进行生活的“同伴”，如此一来，毫无疑问，他高估了爱的能力以及自己爱的本领。他让自己依赖于另外一个人，并且将这种需求视为一种特别的爱的本领，还因为这种虚无缥缈的本领而感到骄傲，这是错误的。最终，假如C的神经症倾向就是凭借努力让自己成为所有情况的主宰，不管怎样都要让自己满意，自己的能力与自给自足就会让他产生过多的骄傲感，并且因自己对所有人都没有需求而感到自豪。

这些信念的持续——A对战胜别人的理性力量的信念，B对爱的本质的信念，C对凭借自己掌控所有的能力的信念——这些信念成了强迫性的，如同导致这些信念形成的神经症倾向那般。不过，这些品质中的自豪感并不牢固，它是敏感而又脆弱的，好像理由非常充足，但它并不具备稳固的根基。它是在非常脆弱的基础上建立的，有过多的不解因素包含在里面。事实上，他的自豪来自于那为神经症倾向服务的品格，而并非现有的品格。事实上，B所拥有的是非常差劲儿的爱的能力，为了避免发生识别他的追求的错误，这种爱的品格的信念就是他一定要具备的。假如他开始质疑自己爱的天性，那他就会了解到，事实上他只是在找一个可以无偿地为自己奉献一生的人，而不是爱他的人。这种见解代表自己可能面临着非常大的危险，因为过于害怕跟仇视，他必然会予以否定。这其中的某一种会体现得非常明显。相同的道理，对于质疑自己英明决策的人，A则会感到非常生气。在另外一方面，C骄傲于自己从不需要任何人施以援手，对于那些宣称他在毫无援助与鼓励引导的情况下就难以成功的意见，他必然会觉得非常讨厌，觉得它们把自己隐藏起来的形象打乱了，导致他内心感到焦虑与仇视。他的人际关系再次因为这些焦虑与仇视被削弱，从而强迫他采用更为激烈的保护措施。

无论是自我评价，还是评价其他人，都受到了神经症倾向的深远影响。只要这个人渴望获得名望，他就会凭借旁人所拥有的名望来进行评判，没有一个人不是这样做的：认为自己低于那些名望高的人，并且对那些名望低的人所拥有的实际价值视而不见，只一味地轻视他们。强迫屈服的人总是盲目崇拜自己认为强大的人，即便那人的强大只包括反复无常或者毫无顾忌的举止。想要利用别人的人喜欢那些情愿被人利用的人，不过与此同时，还瞧不起他。在想要利用别人的人看来，强迫谦逊的人要么是笨蛋，要么就是做作。对于那些强迫自豪的人，强迫依赖别人的人或许感到艳羡。在强迫依赖别人的人看来，强迫自豪的人随心所欲、不受拘束，虽然强迫自豪的人其实是被另外一种神经症倾向掌控着。

神经症倾向所引发的压抑这一问题，是接下来要讨论的。这种抑制或许是局限性的，即牵涉到详细的行为、知觉或者感情，比如，用无可奈何或者压抑的态度对待电话。抑或这些压抑行为得到发展，同时与整体生活有所牵涉，例如突显自己，将请求提出来，与别人接近。在一般情况下，是可以意识到具体的压抑行为的，尽管更主要的是得以发展的压抑，但是，这种压抑并不明确。假如拥有非常强大的压抑力，患者通常会觉察到自己处于被压抑的状态，但并不清楚遭受压抑的究竟是哪方面。在另外一方面，这或许是十分深奥玄妙的压抑，并且十分隐秘，从而导致患者并未觉察到它们的存在与影响力。很多方式会使人看不清压抑，在这些方式中，理性化是最普通的。假如一个人不喜欢在公共场合跟人进行谈话，那么或许是因为他觉察到自己在这个问题方面遭受了压抑，不过，他也有可能只是单纯地觉得自己厌恶聚会，而且觉得这是一些无法让人喜欢的聚会。他为了不接受别人的邀约，会给出很多让人相信的借口。

神经症倾向所导致的基本都是分散式的压抑。我们为了讲明白这一问题，把神经症倾向患者和杂技团的走钢丝演员进行对比。走钢丝演员为了防止自己在走到钢丝另一端之前摔下来，双眼就不得不紧盯着钢丝，避免自己左顾右盼。他在这种情形下是不具有左顾右盼的压抑的，因为他非常明白潜在的危险，所以刻意躲开危险。假如一个人深受神经症倾向的控制，那么他肯定一样想要继续与前进的方向保持一致。不过，他是完全不一样的状况，因为他并不是有意这么做的：在前进的路途中，强有力的压抑力让他无法改变步调。

所以，假如一个人对自己的同伴非常依赖，那么他就会在自己独自一人做事的时候遭受压抑。假如一个人趋向于局限自己的生活，那么他在将自己的奢念表现出来，特别是独断专行的时候，就会遭受压抑。假如一个神经症患者倾向于用理智掌控自己跟别人，那么他就会压抑所有的强烈情感。假如一个人非常渴望名望，那么他就会克制自己，不让自己在公共场合跳舞或进行谈话，并且不做一切对他的名望不利的事。事实上，可能没有办法发挥他所有的学习能力，因为他实在难以忍受在最初阶段就出现的艰难局势。上述压抑有着不一样的表现方式，不过，一切压抑却有着相同的特点：在自发性的感情、思想以及行动上，都体现了一种掌控力量。一个在钢丝上舞动的人只产生学过的自发行为。假如因为一件事，让一个神经症患者闯进了他坚决不想走进的领地，那么相比走钢丝演员从钢丝上摔下来的恐惧，他内心的恐惧更严重。

所以，任何一种神经症倾向都会形成一定的焦虑和一定的举止，并且对自己与别人萌生一定的幻想、一定的自负、一定的软弱以及一定的压抑。

上面所讲的都是设想一个人所具有的神经症倾向只有一种，或相似倾向的混合体。我已经阐述过了，在一般情况下，让同伴主宰自己生活的倾向通常与一般的感情需要混杂在一起，并和把自己的生活局限在狭小范围的倾向混杂起来；同时阐述了渴求权力常常和渴求名望放在一起讨论，最终，导致这两种倾向似乎变成了同一种倾向的两个方面。对于坚持独立自主与自力更生，还讲述了它常与坚信理智与预想可以成为生活的主宰纠缠在一块儿。事情并不会因为这些迥异倾向的共同存在就变得繁杂，因为偶尔有不一样的倾向产生矛盾的时候——比如，需要赞扬讨好可能和需要主宰产生矛盾——虽然它们有着类似的目的，不过，矛盾仍旧是存在的:所有倾向内部都产生了矛盾。不过，在倾向相似的时候，轻而易举就可以凭借潜在压抑、躲避的方式进行掌控，虽然大多是针对个人的。

在一个人已经拥有好几种性质不同的神经症倾向的时候，局势就产生了重要改变。在这个时候，他就好像处在了屈服于两个主人的仆人那般的地位，他接收到两个主人发给他的完全不一样的指令，并且，他还被要求盲目地顺从。假如对于他来说，屈服就好像全然独立那般，是承受着压力的，那他就会在两个主人的矛盾中不知道应该怎么办才好，因为这种矛盾导致他无法拥有一个固定的处理形式。他就会想要寻找一个协调的态度，然而，依然没有办法不让矛盾爆发。对手肯定会不停地干扰这种追求。在极度渴望用独断专行的形式掌控他人的倾向和依附于他人的倾向纠缠在一块儿时，同样进退维谷的境地就又出现了。在妨碍生产力发展的压榨旁人的欲望和被尊为高高在上的保护神的欲望同样强烈时，这种进退维谷的境地也会出现。事实上，这种进退维谷的境地总是伴随着这种彼此矛盾的倾向出现。

像畏惧、情绪低落、极度嗜酒等神经症的“症状”，都是因为这些矛盾才产生的。对于这些真实情况，我们了解得越清楚，就越没有兴趣对这些症状进行说明。假如它们是由矛盾倾向所导致的，那在先前对这些倾向潜在结构一无所知的情形下，企图了解它们几乎是没有任何用处的。

如今，已经认识到了神经症的本质便是神经症特殊性质的结构，是以神经症倾向为中心点的。所有倾向都是人类内部结构的中心，在许多方面，每一种基础都和另外一些基础有关联。对这种特殊性质的结构的本质与繁杂性进行了解，不但在理论方面意义深远,并且在实际方面也有非常重要的意义。对于现代人的本性，就连一些精神学家都有估计过低的倾向，外行人就更加不用说了。

神经症或多或少有着坚实的特殊性质的结构，不过，因为它的很多缺点——虚假造作，欺骗自己也欺骗别人，胡思乱想等，导致它还有些不稳定和脆弱。在每个人身上，很多问题都体现出不一样的结构本质,需要关注的是它没有起到应起的作用。有的时候，患者感觉自己患了非常严重的病，不过他并不清楚这毛病是什么。尽管他努力宣称没有任何不正常的地方，只不过头有些疼，抑或是吃多了，而事实上他心中的确觉得自己有问题。

他不但对苦恼的根本原因毫不在意，并且还让这种愚昧无知的情况一直持续下去，因为如同我们上面着重提出的那般，对于他来说，他的神经症倾向具备相当的主观价值。他在这种情况下或许会采用两种办法：对于神经症倾向的主观价值，他会不再顾及，反而对这些倾向的根本以及形成它们的根源进行仔细审察；抑或，他能够坚称不存在任意错处，否认改变。

精神分析划分为两种过程，在不同的时期，占有主导地位的是不一样的过程。一个人的神经症倾向越是不可缺少，这些倾向的实际价值就越是不正常，他必然越是对这些倾向进行全力维护，并且非常固执。这种情形仿佛一个政府要维护自己的行为那般，政府辩论得越激烈，他就越难以忍受批判，而且越是对自己的权力进行强调。我将这些自我辩护叫作辅助防御。他们的目标不只是想要对一两个存在问题的真实情况进行维护，并且还想对整体神经症结构进行维护。就好像将地雷密密麻麻地埋藏在神经症患者的周边，并保护着患者。虽然有着不一样的具体行为，他们相同的地方却都是觉得从本质上来说，所有事物的本质都是对的、美好的，并且是不会发生变化的。

为了整体阐述这个问题，就不得不对辅助防御所采用的态度和它们所含有的作用进行总结。比如，一个表面虚伪的人不但会对他的动机进行辩护，感觉是没有错的、有理有据的，并且认为他所做的一切事情都是对的，不存在任何问题，即便是一些不值一提的微小事情也同样如此。这或许是一些隐藏得非常深的辅助防御，只有在精神分析的过程中才能被察觉。这些防御或许可以组成鲜明的个性以及突显的图像。比如，这种辅助防御在那种一直感觉自己没有任何过错的人的身上轻而易举就会被察觉。它们能够采用合理的具有科学依据的说服措施，而没有必要以性格特点呈现出来。所以，假如一个人对气质方面的原因进行过分强调，通常证明他相信是天性造就了现在的自己，一切都是无法改变的。事实上，完全可以改变这些防御的强度和硬度。比如说，整本书都贯穿着克莱尔的治疗分析过程，这些防御好像在分析她的时候没有发挥任何作用。这些辅助防御力量也许在别人的精神分析过程中发挥了极大的作用，导致分析的所有试验都失败了。患者越是对自己现有状况坚决维护，就越是无法攻克他的防御力量。不过，在透明度、强度与表现方式发生改变时，这些辅助防御和精神特性结构的许多改变进行对比，就体现出单一并一直重复的主旨："好""对""坚持不懈"。

如今，我重提最开始的看法：心理困惑的核心是神经症倾向。自然，这并不代表神经症倾向可以被患者十分敏感地感受到，就好像困惑可以被患者感受到那般。正如上面所讲的,在一般情况下，他并不清楚作为自己生活驱动力的居然是这些。这并不代表精神上的全部苦恼都是因为神经症倾向而产生的。在之前人与人交往的过程中,这些倾向自身就是因为困惑和冲突才形成的。在我看来，我所讲的神经症倾向便是整个神经结构的核心。对于最开始的困难，它们给出了处理方法，证明虽然自我与别人的关系存在困扰，不过人们依旧可以反抗生活。然而，它们再次形成新的困扰：与世界、自己相关的幻想、软弱、压抑以及冲突。对于最开始的困难来说，它们是结果，而对于全新的问题而言，它们是诱因。

第三章
精神分析的认识阶段

我们因为神经症倾向以及它的复杂性而大体了解到自己应该在精神分析过程中怎么做，不过，也需要对分析的步骤有所认识。手足无措可以把事情处理好吗？可以把四处找来的散碎自我反省拼成一幅图画，如同拼接七巧板那般，并且不至于让人们看不懂吗？在具备全部素材的迷宫里，是否存在指引出口的准则？

弗洛伊德好像给出了非常简单的答案。在弗洛伊德看来，在精神分析过程中患者所呈现出的状态跟他呈现给世人的状态基本没有区别，被患者隐藏起来的渴望会由浅到深地慢慢显现出来。

有关分析的过程，假如我们大体上进行观察，这依然会是一个适当的回答。假如考察分析所得出的是一个直线的结果，我们能够顺着这条直线深入其中，如此一来，引导活动的普通准则就是具有实用性的。不过，倘若我们假设就是这种病症，倘若我们假设只是凭借对新出现的所有素材进行不停的分析，我们就可以慢慢深入压抑的区域的话，我们会马上觉察到自己陷入了困境，这确实是一种经常出现的情形。

在前面的几章中，我们阐述了神经症发展的理论知识，给出了很多特定线索。觉得神经症个性是由神经症倾向及其倾向周围的结构组成的，并且存在很多病因。精神治疗过程中所需的判断就是将一种倾向挖掘出来，并将每一次精神分析的深度引导出来。更具体的说法是，所有神经症倾向的暗示都遭受着不同程度的压抑。压抑程度比较小的暗示最先被发觉，随后才是压抑程度比较大的暗示。对于这一点，在第八章中关于自我分析的更普遍的事例会进行叙述。

在分析次序中使用相同的准则，可以处理神经症倾向自身的问题。首位患者会凭借展现他请求绝对独立与自尊的心理暗示而进行分析。他的屈服或者感情需求唯有在很长时间之后才会被觉察到，同时予以处理。第二个患者把他对爱与称赞的需求都公然呈现出来，假如他趋向于操控别人，这种倾向就绝不会在最初的分析阶段接触到。不过，第三位患者在最开始的时候就将发展程度极高的驱动力展现了出来。对于一种倾向来说，假如它是在最初的分析阶段出现的，那么就无法证明它是不是重要的：对人格造成巨大作用的最强倾向未必就是最开始时出现的神经症倾向，我们能够宣称那种倾向首先让他具体认识到自己意识或者半意识的印象具体化。假如协助自己——自己为自己辩解的办法——以极高的水准发展着，局势在最初的时候就完全被它们掌控住了。假如当真是如此，要想觉察并认识到神经症倾向，就只能等到以后了。

对于这个认识阶段，我还需要用患者克莱尔的事例进行阐述。在上一章，我简单描述了克莱尔的童年生活。自然，为了这一目的，就仅仅是大概地叙述了一下克莱尔的分析过程，不仅很多细枝末节需要略过不提，并且也没有叙述在进行精神分析的时候所面临的种种挫折。除此之外，为了达到简明扼要的效果，相比实际阶段，分析的每个阶段具有更为清晰的划分：比如，在那个时候，报告中出现在第一阶段的因素并不是非常清楚，它其实是在整个分析过程中慢慢变清晰的。但是我坚信,对于所提出的准则的准确性，并不会因为这些问题而从根本上有所降低。

因为种种缘由，克莱尔在接受精神分析治疗的时候已经三十岁了。她轻易就会因为工作和社会生活中的种种冲突产生疲倦感，并且感到束手无策。对于自己缺乏自信心的情况，克莱尔也曾经埋怨过。她在一家杂志社担任编辑一职，虽然到现在为止，她的职场经历以及地位都是无可挑剔的，不过那些无法攻克的压抑束缚了她创作剧本和小说的理想。她可以完成一般的工作，却没有办法完成卓越的工作。她一直认为自己之所以会这样，是因为缺少才华，因此，她一直没有做出任何成绩。在二十三岁的时候，克莱尔结婚了，然而丈夫却死于三年后。她在这段婚姻结束之后又跟另一个男人建立了关系，这种关系一直持续到她接受精神分析。按照她一开始的讲述，就好像她感觉自己的其他方面是无可挑剔的那般，她也非常满意跟这两个男人的两性关系。

她有四年半的精神分析治疗经历。在进行了一年半的精神分析之后，她有两年的时间不再接受精神分析，而只是自己对自己进行分析，并且非常频繁，最终又再次进行了一年的不定期治疗。

从大体上来讲，克莱尔的精神分析可以划分为三个阶段：觉察到她强迫性的谦逊；觉察到她强迫性的依赖同伴；最终，觉察到她迫切想要自己的优点得到别人的认可。对她本人以及其他人来讲，所有倾向都是不引人注意的。

在第一阶段记下了下面强迫性的情况：对于自己的价值与能力，她总是过于轻视。她不仅对自己的决策毫不信任，并且顽固地否认自己具有这些决策能力，坚信自己是一个蠢笨、毫无吸引力的人，没有才华，总是想方设法想要证明自己的才华是不存在的。与此同时，她总是感觉自己比不上其他人。假如跟别人的观点不统一，她就会不自觉地感觉别人才是对的。她回想过去，宣称自己在丈夫和另外一个女人有婚外情时丝毫没有进行抗争，尽管她觉得这是非常痛苦的经历。面对丈夫的行为，她想办法说服自己这是情有可原的，相比自己，那个女人更加吸引人，更容易招人喜欢。除此之外，她对自己总是很吝啬。在和别人一块出去游玩的时候，就算花钱的人是她，她也会选择比较贵的酒店入住。而一遇到她独自一个人时，例如旅游、衣服、剧本以及书籍等等，她就会非常舍不得花钱。最后一条，她即便是处在主导地位也绝不会下达命令。就算她不得不下达命令，所采用的态度也是谦恭的。

根据这些状况，可以知道她已经形成了一种强迫性的谦恭。她觉得必须要把自己的生活局限在一个狭小的范围里，居于第二或者第三位。一旦发觉这种倾向，并且在先前已经讲过了它在童年时期的形成原因，我们就开始对它的情况跟结果进行具体探索，研究在她的生活中这种倾向起着怎样的实际作用。

无论是使用哪种形式，她都没有办法自己做决定。她轻易就会在商讨过程中屈服于别的观点。虽然她具有一定的识辨旁人的本事，不过她依然无法批评任何人和事物，除了她因为编辑工作而不得不给出的批评见解。比如，因为她没有办法将同事私底下对她的恶意中伤辨别出来，她就遇到了很多重大挫折。对于这种情况，其他人都看得一清二楚，唯有她还把对方视为朋友。她在游戏过程中表现出十分明显的强迫自己不处在主要位置的倾向。比如，她在打网球的时候常常因为太过克制而打不好，她有时可以打得非常好，不过她只要一意识到自己马上就要获得胜利，就会打得非常差劲。相比她本人，更为主要的反倒是其他人的欲望。在别人不想要假期的时间段，她非常乐意休假。对于很多别人避之不及的工作，她都会去做。

最关键的是她对整体感情与欲望的克制。在她看来，强力限制宏伟计划是十分“现实的”——这恰恰证明了她对无法获得的东西从未有过奢望。事实上，她和那些拥有过高生活期望值的人并没有什么不同，都是不“现实的”的。她只对那些可以获得的东西抱有期待。在她真实的地位之下生活是不现实的——社会方面、经济方面、工作方面以及精神方面都不现实。根据她之后的生活情况，证明她可以受到很多人的喜欢，可以充满吸引力，并且可以创作一些有见解和有价值的作品。

这种倾向所导致的普遍结果就是慢慢变得不再自信，对生活的抱怨越来越多。她对自己的这种抱怨毫无察觉，一直觉得万事顺遂，甚至没有感觉到自己是怀有欲望的而且它们并未获得满足。仅仅是在一些微小事情和偶尔骤然发出的哭泣声中体现出这些对生活的抱怨，对于自己的这种行为，她百思不得其解。

在之后相当长的一段时间内，她才稍微对这些情形的真实情况有所了解：她时常在遇到非常重要的事情时沉默不语。在我看来，最好的治疗方式就是认可她的优点，鼓舞她。最终，对于被她藏匿在谦逊表面背后的真实强大的热切期望，她用一种充满戏剧化的形式了解到了。有一回，她想要给杂志提一些改善建议，对于自己的方案，她非常清楚是行得通的，或许会有很多人不赞同，但她很清楚她的方案最后会获得所有人的赞赏。而在提建议之前，她觉得说不出的恐慌。她在开始商讨的时候感觉十分不舒服，忽然想要拉肚子，所以在无奈之下从会议室离开了。但是，在她得到人们的赞同时，她就一点儿都不感觉惶恐不安了。她的意见被接纳，人们也都认可了她。她自鸣得意地回了家，并且还在次日接受精神分析的时候保持很好的心情。

我很随意地告诉她，这是一次成功。以前因为过于烦闷而失去了这种成功。毫无疑问，得到别人的承认让她非常开心，不过她最大的感觉还是从一种严重危机中逃了出来。对于这种经历的另外一种因素，也就是在朝着自己的理想努力时既担心不成功又担心成功的因素，她经历了两年多的时间才具备了处理能力。在那个时候，就像她表现在幻想中的那般，谦逊这一问题聚集了她所有的注意力。在她看来，将新的方案提出来就是自以为是。相比其他人，她知道更多吗？她慢慢改变了态度，了解到将不一样的见解提出来代表着拥有冒险精神，敢于把人为界限打破，并且这还是她始终用心维护的一种界限。她的这一观点是与现实相符的，唯有让她了解到这一点，她才会不再质疑自己只是出于安全考量才保持着这种谦逊外表。通过第一阶段的治疗，她逐渐不再质疑自己，敢于把自己的愿望和观点表达出来。

在第二阶段，最需要做的就是把她依赖“伙伴”的倾向消除。事实上，关于这一部分，她本人负责处理了最关键的问题，我们以后会对这一点进行具体介绍。虽然这是一种非常强大的依赖性，不过其压抑隐匿的程度远远高于前一种倾向。在和男人的交往方面，她从未想过会存在什么问题。与之截然相反的是，她对他们深信不疑，并感到非常满意。这种情况慢慢因为精神分析而得以改善。

对于她强迫性的依赖，有三个重要事实可以予以证明。第一，在她结束了一种人际关系或者和她认为非常重要的人分离时，她就像置身于陌生森林的孩子那般，内心有一种失落的感觉，不知道应该怎么办才好。在二十岁那年，她从家里出来时就曾有过这种感觉。在那个时候，她感觉自己宛如飘荡在空中的羽毛，她给自己的妈妈写信，大声喊叫着她没有办法在妈妈不在身边的情况下生存下去。最后，她喜欢上了一个年纪比较大的作家，这个人事业有成，非常喜欢她的职业，所以教导她，给她提供帮助，这才让她不再那么想念家庭。的确是这样，在首次孤身一人的时候，可以认为是因为年纪太小和一直处在受到爱护的生活中才会感觉失落。不过之后，她事业有成，虽然就像我们之前所讲的，她遇到了种种挫折，但就其根本而言，她的反应与之前没有任何区别，这种对照实在是太怪异了。

第二个显著的真实情况就是：她并不在乎自己跟周边世界的一

切关系，唯一重要的就是自己喜欢的人。他打来的电话、他寄来的信以及他的探望，这些占据了她所有的思想和感情。她的生活只有在他参与的情况下才是充实的。唯一可以消磨时间的就是等着他前来拜访或思考他对她怀有怎样的心思。特别是，她在感觉到自己有不受重视或者被人羞辱的拒绝的苗头时，她内心总是非常痛苦，在这种情况下，她一点儿不在乎与别人的关系、自己的工作以及别的兴趣利益。

异想天开是她的第三个真实情况。想象着自己依附于一个男人，他不但有才能，还有自己的主见，可以把她想要的所有东西都提供给她，从数不胜数的物质财富一直到无尽的精神激励，甚至帮助她成为赫赫有名的作家。

在慢慢了解了真实情况的暗示之后，强迫需要依赖“伙伴”的倾向便显现出来，并且它的特征与结果也完全被揭露出来。它的主要特点就是一种在潜意识里受到压抑的依附态度，下意识想要依附伙伴的愿望，希望他可以让她获得满意的生活，承担她的责任，让她不再面临任何难题，并且让她在自己不费任何力气的情况下变成一个了不得的人物。她和伙伴、其他人的关系都因为这种倾向而变得非常冷淡，因为她心中对他抱有太高的期望，所以就会因为难以避免的失望而愤怒不已。因为害怕与伙伴断绝关系，所以就把大多数的愤怒压制了下来，只偶尔在因为难以控制感情而生气的时候稍微显露出一些。另外一种结果就是她只有跟伙伴在一起的时候才不会讨厌所有东西。对于这种倾向，其最关键的结果就是她因为自己的这些关系而变得更加危险，更加不主动，而且助长了自我轻视感。

这种倾向和之前那种倾向属于同一个问题，它们只不过是这个问题的两个方面罢了。她之所以会想要伙伴，就是因为她强迫性的谦逊。对于自己的愿望，她因为自己没有办法实现，就必然想要另外一个人帮助她实现。她因为无法自保，就必然想要另外一个人做她的守护人。对于自己的价值，因为她自己无法看到，就需要别人来认可她。

在另外一方面，在强迫的谦逊与极度渴望伙伴之间存在着尖锐的冲突。因为这种冲突是潜意识的，让她每次都在因为没能实现愿望而失望时搞糟局势。她在这种局势中感觉自己是难以忍受粗鲁训斥的牺牲品，因此感觉痛苦怨恨。由于她害怕遭到抛弃，所以就强行压制了自己大多数的怨恨，然而这种关系慢慢因为这种怨恨的存在而受损，让她想要为自己争辩。原本她可以完成大量的工作，却因为心情杂乱而感到疲惫和压抑。

在接受这一阶段的精神分析之后，她已经摆脱了那毫无用处的依附性，自己可以主动做事了。她只是偶尔感到有些疲惫，而不再是一直感到疲惫，虽然她内心仍有非常大的压力，不过已经可以进行写作了。虽然她仍旧无法和别人自然相处，不过相互之间的关系已经比较友好了。在别人眼中，她显得有些傲慢，而她本人却依然很自卑。她做了一个梦，这个梦让她产生了本质上的改变。在梦中，她与朋友开车来到一个怪异的国家，这让她意识到自己也可以考驾照。她其实是有驾照的，驾驶技术可以说与朋友不相上下。这个梦代表着她已经进入了自我反省阶段，她明白了自己是有权利的，没必要像一个依附物品那般，一直没有任何用处。

第三阶段的精神分析是最后一个治疗阶段，是处理被她压制的实现理想的努力。在生活中的某一段时期，她曾经深陷宏大计划的困扰中。这段时间是从中学的最后一年开始的，直至大学二年级才慢慢消失了。不过能够推测，这种野心仍旧存在，并且正在暗暗发挥着影响力。在得到欣赏与承认的时候，她激动的心情，她担心不成功的心情，她尝试着独自做事时的焦虑情绪等真实情况，都证实了这一点。

就其结构而言，这种倾向的复杂程度要高于之前两种。与之前两种倾向相比，这种倾向具有更积极主动地掌握生活，并尝试与相反力量抗争的企图。它之所以可以持续存在，其中一个原因是：曾经为了让自己的宏伟理想变为现实，她感觉自己也是具有积极力量的，她一直期望自己可以再次拥有这种力量。第二个原因就是她需要把自己的尊严再次建立起来。第三个原因是报复：成功代表着战胜过去曾让自己受辱的那些人，而窘迫地落败则代表着不成功。对于这种野心，假如想要了解其特征，我们就不得不对她过去的经历进行回想，观察其发生改变的过程。

事实上，早在生活的最初阶段就已经出现了这种倾向的抗争精神。的确如此，在另外两种倾向尚未产生的时候，它就已经出现了。在这一阶段的精神分析过程中，她回想小时候的反抗、好斗和种种顽皮行径。我们了解到，由于她一直处在非常不公平的生活中，所以她已经没有了奋起抗争以获得优越地位的精神。在一连串不开心的事情发生之后，在她十一岁仍处在上学阶段的时候，这种抗争精神以一种强大的雄心壮志再次出现。但是，还有一种潜意识压抑的怨恨跟着它一起出现：她受到的不公正待遇，她的尊严被摧残，这些愤恨都注入这些雄心壮志中。上面已经提到两种因素：超群绝伦，她就会再次充满信心；把别人打败，她受到的伤害就可以获得补偿。尽管她在中学时期的雄心壮志具有强迫性和摧毁性，但是相比之后的发展结果，它仍是真实的，毕竟是要凭借自己强大的实际努力而超越别人。她上高中时还顺利地得过第一名。而在大学时期，她遇到了实力非常强的对手，她只有更加刻苦才可以获得第一名，然而她放弃了自己的宏伟计划。她之所以不敢付出更多努力，主要有三个原因。第一个原因是她强迫的谦逊，她总是对自己的才能充满质疑。第二个原因是她的批判对才能的压抑，让她的才能无法获得非常好的发展空间。最后一个原因就是她极端地需要超越别人，她不可以有任何面临溃败的冒险行为。

但是，她想要胜过别人的刺激并未因为抛弃自己显著的雄心壮志就得到降低。她必须要找到一个折中的处理方法，这比起上学时诚实坦率的雄心壮志，拥有了一种含蓄感。事实上，是想要自己在不费丝毫力气的情况下超越别人。对于这种没有任何实现的可能性的成就，她设法经由三种途径获得。对这些途径她都毫无意识。一是她将生活中无论什么好运气都视作超越了他人。从天气晴朗的时候出去游玩这种可以感知到的超越别人，一直到“竞争对手”的患病或者逝世这种无意识的超越别人。与之截然相反的是，在她看来，厄运就是耻辱性的被打败，而并非单纯地只是厄运。她因这种观念而畏惧生活，因为生活代表着对无法掌控的因素产生依赖。第二种方法就是把获得胜利的需求转到爱情关系上。成功的象征就是拥有一个丈夫或者爱人，独自一个人生活则是让人耻辱的失败。第三种获得成功而又不需要付出任何努力的方式就是丈夫或者爱人如同想象中了不起的人物那般，可以让她毫不费力地变成了不起的人，或者仅仅让她获得机会庆贺他的成功。在她本人的生活中，这些态度导致她心中产生了很多莫名的矛盾，并且让她对“伙伴”的需求得到了强化，原因是她想要利用这些重要关系的影响力。

由于她了解到这些倾向的结果会影响她的生活和工作，并且还会影响别人甚至自己，所以已经非常透彻地分析了这些倾向的结果。这种反复分析最显著的效果就是她对工作的克制情绪得以减弱。

随后，我们还对这一倾向和另外两种倾向之间的联系进行了研究。一方面，有难以协调的矛盾存在于两者之间，而另外一方面，它们还彼此加强，让她无论怎么样都被神经症结构掌控着。矛盾存在于谦恭的压抑和超越别人之间，也存在于超越的雄心壮志和寄生的依赖之间，两种驱动力肯定会有矛盾产生，焦虑或者彼此削弱是任意一方都有可能引发的情况。削弱的结果表明它既是劳累疲倦的最深厚的根源，也是对工作压抑的根源。同样重要的是这些倾向相互增强其力量。对于隐匿起来的超越的欲望，发挥关键作用的就是谦逊以及把自己放在谦虚的位置。就像上面所讲的，她迂回获胜的保障正是她的伙伴。更加关键的是，在生活中，她不得不将自己的感情与才能隐藏起来，她对同伴非常依赖，这些都让她感到非常耻辱，这些耻辱的感觉还不停地引发她强大自己、保护自己的情绪，所以，对成功的需求不停地产生，而且得以加强。

邪恶的陷阱慢慢被精神分析工作瓦解。已经不再存在强迫的谦逊，取而代之的则是自我判断能力的加强。因为这一进步让获胜的需求有所降低，所以对治疗非常有利。相同的道理，消除了她依赖别人的部分情况，让她变得坚强——并且还会持续这样，把很多耻辱的情绪清除掉，让她不再拥有那么强烈的好胜心。如此一来，在她最终碰触始终让她感到震惊的报复问题时，她就可以借助自身正在逐渐增强的内在力量处理这个已经得以缓解的问题。绝对不可以在最初的时候就动手把它处理掉。首先，我们对它一无所知，并且她也难以接受。

这最后一个阶段让她重新获得了能力。克莱尔把她已经消失的树立在稳固基础上的雄心壮志再次唤醒了。如今，她既没有表现出那种强迫性，摧毁性倾向也没有那么强了。她的关注点已经不再是取胜的兴致，而是主观意识问题了。经过第二阶段之后，她已经可以和人们友好地相处了。如今，还消除了之前因为所谓的耻辱感和抵御性的傲慢混合而形成的人际关系中的紧绷气氛。

上述只是进行了非常简单的分析，根据经验，我能够有所保留地相信这种叙述已经把精神分析的典型过程讲清楚了，或更加慎重的说法则是，已经把精神分析的理想过程讲清楚了。把克莱尔的精神分析过程划分为三个重要阶段，这并非什么重要的事情，因为同样可以把它划分为两个阶段或者五个阶段。通常情况下，分析过程都划分为三步：一是了解精神症倾向；二是把它的根源、表现形式以及所产生的影响找出来；三是找出它与人格的其他部分，尤其是和另外一些神经症倾向之间的联系。这些步骤是处理所有相关神经症倾向的必经过程。每进行一次分析，就能够清楚地看出神经症倾向的部分结构，直至清楚地呈现出神经症倾向的整体结构。对于这些步骤，也并非完全按照所排列的顺序展开，更准确地讲，在一种倾向被辨认出来以前，就一定要稍微弄清楚它的表现形式。在第八章克莱尔的自我精神分析中，将会非常详尽地阐述这一点。在克莱尔把自己的依赖倾向以及促使她建立依赖关系的庞大驱动力辨别出来之前，她就已经把很多关键性的依赖心理暗示辨别出来了。

所有步骤都具有其特有的治疗作用。第一阶段，对神经症倾向的辨别代表着对人格困扰的驱动力的了解，从治疗方面来讲，这种了解原本就具有相当的作用。在之前的时候，一种无法感知到的力量掌控着患者，让他觉得没有力量。既然对其中一种力量有所了解，这不但代表着在自我反省上收获很多，并且让一些窘迫的孤单微弱得以消除。对困扰的根源有所了解之后，让患者意识到或许可以通过自身努力将其消除。举一个简单的例子。虽然想要栽种果树的农民付出了非常多的心血，倾其所能采用了很多改良手段，但是果树依然无法健康生长。他在经历了一段时间之后失去了信心。不过，他后来发觉原来是果树生虫了或者土壤需要添加特别的肥料，因此，即便果树自身仍旧毫无变化，他还是立即改变对果树成长的观点，并且马上改变了自己的心情。唯一不一样的外部局势就是，如今所进行的行动或许不再是毫无目的性的了。

在有的时候，只是把一种神经症倾向揭示出来，就完全可以把一种神经紊乱给治好。比如说，有一位经理非常精明干练，以前他的员工都对他非常忠诚。后来他们由于一些外在因素改变了对他的态度，这位经理因此感到非常困扰。对于这种矛盾，他们所采取的处理方式非常粗暴，总是借故引发冲突，提一些不合理的条件。虽然在别的方面他主意很多，然而他却因为这种新局势而感觉束手无策。他既气愤又感觉毫无希望,甚至萌生了辞职的念头。但只要在这个时候告诉他，这是因为他太过要求依赖他的那些人忠诚于他，就完全可以把这种局势扭转回来。

但在一般情况下，只是对一种倾向有所了解，还没有办法引发本质上的改变。首先,通过把一种倾向揭示出来而获得改变的愿望,这并不是一种确切的愿望，所以力量匮乏；即便这已经是一种非常明白的愿望，仍旧没有让其产生变化的能力。要想让这种能力发展起来，只能等到以后。

由于神经症倾向所拥有的主观价值是患者仍想要保留的，所以，虽然在最开始出现的解决神经症倾向的愿望包含着热切，但在一般情况下，依然没有办法让积极可靠的力量产生。在马上就要摆脱压抑的时候，就激发了想要维持这种倾向的力量。即一旦产生了因为了解到一种倾向而获得的最开始的解脱力量，一种冲突就会降临到患者面前：他想要发生改变，同时却又不愿意发生改变。在一般情况下，这种冲突的存在是无意识的，因为他不愿承认自己想要保持那些与理智和自身利益相悖的东西。

假如不愿发生改变的观点因为某种原因占有有利形势，那发现倾向之后所形成的解脱作用仅仅是短时间地减轻症状，随后就会更加失望。就像我们上面拿来举例的农民,对于需要做的挽救措施,假如他了解到或者深信不适合他采用,他想要发生改变的想法就难以持续。

值得庆幸的是,这并不是一些常常会出现的副作用。想要发生改变与不想要发生改变这两种倾向之间的彼此妥协才是常常出现的情况。患者一直坚持想要发生改变,不过,他希望所发生的改变要尽量小。他只期望可以把倾向的童年起因揭示出来,或他仅仅做出改变的决心,又或是依然返回以前的错觉,以为只要对这种倾向有所了解,所有的东西都可以在一夕之间发生变化。

第二阶段,因为倾向的暗示已经被他发现,所以他逐渐了解到它的有害作用,他的生活会因为它受到怎样的伤害。比如,假定他有一种全然独立的神经症需要。在这种倾向及其根源被他了解到之后,他肯定会花费一些时间去了解为何让自己感觉问心无愧的只有这一种方式,以及它是如何呈现在他的日常生活中的。并且,在他置身于四周环境的时候,他还要具体弄清楚这种需要是怎样呈现出来的,或许它所采用的方式是不同意被遮住视线,又或许是他会在坐在一排中间的时候感到焦虑。他肯定想要弄清楚有关自己对着装的态度是怎样受到这种倾向影响的,他总是对紧身腰带、鞋子、领带和别的所有让他觉得压抑的物品过度敏感,这就是证明。他还要了解自己的工作会因为这种倾向而受到怎样的影响,或许展现出排斥琐务、责任、希望以及意见的情绪,排斥时间跟领导的情绪。他不得不弄清楚爱情生活会因为它产生怎样的改变,觉得遭受任何约束或者把利益系到别人的身上都是没有能力的行为。如此一来，所出现的压抑情感和强迫他面临非正常情况的种种原因就都可以被详细、确切地预估，只是清楚他有强烈想要独立自主的愿望是完全不够的。唯有它所含有的全部强迫性力量以及它的副作用特征都被他了解到之后，他才可能获得一种认真的想要发生变化的激励。

第二阶段的治疗作用首先让患者克服困扰力量的自主程度有所增强。他逐渐了解到为什么要发生改变，他让攻克困扰的不明朗态度发生了变化，决定认真地与之抗争。

这种决心必然会导致一种强有力的、具有价值的力量产生，也肯定会对所有改变产生影响。不过，如果不具备足够的实力，就算拥有再坚定的决心，也是没有任何用处的。在接连清晰地见到种种表现形式之后，就会慢慢增强这种能力。在患者对自己的神经症倾向暗示进行分析的时候，他的错觉、怯弱、脆弱以及压抑就会从他的防御中慢慢挣脱出。最终导致他减少了不安情绪，并且寂寞感也降低了，敌对情绪也得到了缓解，和自己的关系、和别人的关系也得到了改善，如此一来反而降低了神经症倾向的需求，而且让他应付它的本事得到了提高。

这一阶段的工作还可以发挥其他作用，可以激励他把那些阻止进一步进行深刻改变的原因挖掘出来。所调动的力量已经可以帮助减弱特别倾向的强大力量，以便进行一些改善。不过，这种倾向自身以及其众多暗示必然和别的倾向的驱动力紧密相关。这或许是一些相互对立的倾向，所以假如患者只是研究了在某种倾向周边发展起来的基础，那么他就完全没有攻克自己所面临困境的可能性。比如，通过研究强迫的谦逊这种倾向，克莱尔已经消除了这种倾向的其中一部分，不过在那个时候，还远远没有触及这种倾向的某些暗示，因为这些暗示和依赖性的倾向相互纠缠，唯有先搁置一旁，等着和进一步的问题一起处理。

第三阶段，对不一样的神经症倾向彼此之间的关系进行认识并了解，有助于掌控更加隐秘的冲突。它代表着对处理问题的意图进行认识，认识到这些意图仅仅是一种逐渐加深的相互纠缠的东西。在这部分工作还没有发挥影响力的时候，一种冲突的构成部分或许已经被患者意识到了，不过患者私底下依然相信它们是可以协调的。比如，对于他专断的驱动力的本质以及他想要变成备受赞扬的伟人的本质，他或许早已深刻地了解到了。对于这种专断倾向，他丝毫没有想要改变的想法，仅仅是准许它偶尔出现，而且尝试着把这些倾向协调好。对于专断倾向的存在，他已经偷偷想要予以认可了，会准许他一直把这种倾向维持下去，与此同时，还会让他进行很多自我反省。另外一个努力想要获得超乎平常的平静而受到报复欲望役使的患者，已经幻想着在能够展开充分报复的时候从现场离开，如此一来，他的生活就可以获得更多平静。很明显，只要偷偷把这些处理方式进行到底，本质上的改变就绝没有出现的可能性。结束第三阶段的工作之后，或许就会明白这些处理方式本质上只是暂时适用的变通方式。

这一阶段的治疗作用就是它把各种神经症倾向之间的那些网捅破了，各种倾向力量因为这些网而彼此加强，并且还彼此抗争，这代表着最终认识到所谓的症状，也就是显著的病理学的呈现形式，例如焦虑、病态畏惧、抑郁症以及百分之百的强制等的侵袭。

常常听到人们讨论，总体是讲心理治疗中最关键的就是找到冲突。这些讨论，和觉得最紧要的是神经症的脆弱性、强硬性或者渴望超越的论点完全一样。最紧要的是恰好看见了整体结构。或许在精神分析前期阶段的时候就已经偶尔了解到了现有的冲突。但是，唯有完全弄清楚冲突的组成而且将其强度降低的时候，这种了解才具备影响力。要想对这些冲突自身进行了解，就必须要把这项工作做完。

我们在结束这一讨论之前，先来了解一下这一章与前一章所提到的情况的实际价值。它是否把精神分析中确切详细的途径指了出来？答案是这种期盼是再多的信息都无法实现的。第一个因素是人们相互之间存在过大的差异，没有任何特定的路径可以去追寻。假定只是极少的可以识别出来的神经症倾向存在于我们的文明世界，就打个比方说是十五种，而事实上，这些倾向相互之间或许存在着无穷无尽的组合数。第二个因素是我们在精神分析中所见到的任意两种倾向都是彼此纠缠在一块的，而并非分得非常清楚。它们仍处在混乱的情形中，一定要高明且灵巧地把它们分开。第三种性质比较复杂，就是各种倾向都存在非常显著的作用，它们一直受到压抑，这就导致这些倾向很难被辨识出来。最终，精神分析就只是把人类彼此之间的关系呈现出来，就像普通的分析那般。对于一次精神分析，可以将其比喻为两个同事或朋友一块儿前往的冒险旅行，在观察与理解上的兴趣以及把观察与得出推论相互结合的兴趣上，双方感兴趣的程度是相同的。患者在精神分析方面的特征与苦恼——且不说精神分析师——是非常关键的。不管是在这种情景中，还是在另外一种情景中，他对感情的需求、他的傲气、他的脆弱都是相同的，所拥有的影响力都非常大。除此之外，分析自身必然会引起焦虑、敌视以及对自我反省的抵抗，因为这些自我反省对他的安全系统以及他已经发展起来的骄傲非常不利。如果可以对这些反应进行认识，那它们就是有用的，它们只是把普通分析过程更多的复杂性与不易接近的情况指了出来。

为了把一些问题处理好，精神分析会在相当程度上产生各自的结果，承认这一点或许会对一些惶恐的心灵造成威胁，尤其是那些确信自己一直都没有做错事的人。但是,为了不再让他们怀有困惑，他们应当牢记这种结果是自然而然地形成的，而并非那个聪慧的精神分析师自己伪造出来的。之所以会这样，是因为它包含在问题的根本之中，在把这些问题中的其中一个处理了之后，就可以轻而易举地处理另一个了。即某个人在对自己进行精神分析的时候，他一般会依照上述步骤，凭借所呈现出来的信息进行。自然，偶尔也会有这种事情发生，当他牵涉一些在短时间内难以得出答案的问题时，经验丰富的精神分析师此时就可以看出这特别的议题，但患者难以理解，所以搁置下来是最佳方法。比如，假定一位患者依然坚信自己绝对比别人强，但他所给出的信息却证明他担心遭到别人的排斥，精神分析师就会意识到应该到此为止，现在还不具备足够的条件来消除患者害怕遭到抛弃的问题，因为患者觉得如他这般优秀的人——就像他一直坚信的那般优秀——绝对不会怀有这种担心！在之后的很多次分析中，分析师只要对分析过程进行一番回忆，就会了解到为何在某些时候难以接近一个问题。换言之，假如他想要接着工作，就不得不经历试验与磨难。

由于患者会下意识地对自己难以面对的问题进行逃避，所以在自己对自己进行分析的时候，更加没有吸引力的就是不成熟地处理问题的方式。不过，假如在对一个问题进行一段时间的努力处理之后，他的确发觉自己并未更进一步地解决问题，他应当知道自己或许并不准备把它给解决了，也许最好暂时把它搁置一旁。他完全不需要因此而感到失望，常常会有一种不成熟的努力出现，或许可以让接下来的工作有一个好的开始。对于为何不接纳所表现出来的处理结果，完全没有必要强调需要用别的原因来进行说明，不该如此迅速地推断它仅仅是不成熟的处理方式。

我所叙述的这种情形不但对事先出现的完全不必要的失望心情有所帮助，并且还存在很多积极作用，它有利于聚集起所有零碎的观察，对其特征进行认识。比如，患者意识到他很难要求别人为自己做事，从询问旅行路径，再到让大夫治疗，意识到他隐瞒自己去接受精神分析好像并不怎么光彩，是让人鄙视的捷径，因为他感觉自己的问题完全可以凭借自己的能力得到解决。了解他并不想要别人可怜他或者试图劝说他，并且还会觉得羞耻。假如他不得不接受援助，他内心会产生一种耻辱感。假如他可以对一些神经症倾向进行认识，他有极大的可能性意识到这一切行为的起因都是一种潜在的强迫自信的倾向。自然，难以确保这种推断是不是对的。假定他厌烦了人们，那他的一些行为就说得通了，尽管还难以证明为何有时会感到自尊心受损。在尚未获得众多确切证据以前，所有推断都是不明朗的、暂时的。就算是这样，他还要一遍又一遍地彻底了解这种推断所具备的凭据是充分的，还是仅仅是部分确凿。当然，他绝不会期待所有事情都可以被一种倾向阐述清楚，他一定要牢记会有相反的情况。他可以理智期许的是推断出的倾向意味着他人生中存在的一种强制力量，这肯定是一种不断呈现出来的强制力量。

在他对一种倾向有所了解之后，他在这方面相关的知识仍会具有正面作用。将一种倾向的种种表现形式以及结果挖掘出来，认识到它在治疗方面发挥的重要影响力，就会有助于他有意识地在这些形式与结果上凝聚自己的注意力，而并非疯狂地对形成神经症倾向的驱动力的原因进行探索，其实只有等到以后才可以弄明白大部分的原因。这种对医疗作用的理解，对于指导他逐步认识寻求倾向所付出的代价，具有特殊的价值。

对于冲突，让患者免于徘徊在两种完全相反的状态中就是心理学知识的实践价值。比如，克莱尔在进行自我精神分析的时候曾在两种倾向间徘徊了相当长一段时间，其中一种倾向是把所有的错都算到别人身上，另一种倾向则是彻底的自我谴责。所以，她觉得非常迷茫，想要知道到底哪种倾向才是她所具备的，起码知道对她最重要的倾向是哪一种。其实两种倾向都存在，并且它们是因为彼此冲突的神经症倾向而形成的。她抑制性的谦逊导致她找到自己的错处与不对别人进行谴责的倾向，她渴望超越别人的需求导致她把所有的错都算到别人头上，这就让她难以忍受自己存在缺点。假如她此时想到相互冲突的倾向具备相互冲突的根本原因，她肯定很早就能掌握分析过程了。

截止到现在，我们已经对神经症结构进行了总结，与此同时，还对解决潜意识力量一定要采用的重要方式进行了讨论，从而方便慢慢构成整体结构的清楚图像。对于将它们揭示出来的具体方法，我们尚未提及。有关精神分析师与患者为了对患者自身人格有所认识而不得不做的工作，我们会在接下来的两章里进行探讨。

第四章
患者在精神分析期间的作用

自我精神分析就是尝试着在做患者的同时,还要做大夫。所以,对于分析过程中参与的任意一方的工作,都需要进行谈论。但是,一定要牢记这种过程既是精神分析师与患者各自所做任务的总和,又是一种人类关系。对于各自所做的任务,与之相关的两个人都发挥着一定的作用。

患者需要做的工作主要分为三种。第一,他一定要尽量真心实意地把自己表现出来。第二,对他的潜意识驱动力进行了解,并且知道他的生活因为这些力量受到了怎样的影响。第三,将改善那些干扰他本人以及他和周围世界关系的能力发展起来。

完全表达自我的方式就是自由联想。截至目前,只在心理学试验上采用过自由联想,弗洛伊德创造性地发现这能够作为一种治疗方式。对患者来讲,自由联想代表着将自己的努力彻底表现出来。在进行自由联想的时候,所表现出来的、联想到的全部,不管是一些琐碎之事,抑或看起来像是琐碎之事,或与主题不符、散乱、荒诞、冒失、不得体、让人难做或者是羞辱的事情。需要再进行一番说明,“全部”这个词是毫不夸大的。这“全部”不但包含稍纵即逝与发散性的思维，并且还包含一些具体的想法与记忆——上一次分析以来发生的事情，生活中所有阶段的经历，关于自己与别人的思想，对精神分析师或者分析局势的反应，宗教、道德、政治以及艺术的信念，未来的愿望跟计划，对以前与此刻的想象，当然，还有梦。诸如喜好、期望、成功、失望、安慰、困惑、生气和各种散乱或者特殊的思想等所有产生的感情，都被患者表现出来了，这才是最关键的事情。在对某些事情进行表述的时候，患者自然会因为这样或者那样的因素遭遇阻碍，不过，他应当做的就是把这些阻碍讲出来，而并非用这些阻碍来抑制自己特殊的思想或感情。

和我们普通的思考或谈论方式相比，自由地进行联想是不一样的，这种不一样不但体现在它的坦率与毫无保留，还体现在它显然是毫无方向感的。在就一个问题进行讨论的时候，我们习惯于紧扣主题，例如讨论我们的周末筹划、叙述商品对顾客的作用。我们从脑海里出现的种种意识中选择和议题有关联的论据进行表述。就算和我们谈话的是亲近的朋友，我们也常常选择性地进行阐述或者略过不提，即便这种行为是潜意识的。但是，在进行自由联想时，对于脑海中所产生的一切，无论这种思想将来会走向何方，我们都不得不竭力地表述出来。

如同人类很多其他的努力那般，在使用自由联想的时候，他们所怀有的目的或许是正面的，也或许是有害的。假如患者决定向精神分析师袒露自己，那他的自由联想就具备了启示价值，不再是毫无意义的。假如他具有严肃的信仰，某些潜意识原因得不到他的正视，那他的自由联想就是没有任何用处的。这或许是一些占上风的信仰，从而导致这种联想的美好感觉不再发挥任何作用。那么，这种后果就是一系列没有任何价值的思想。这些思想只是在模仿真正的自由联想罢了。因此，在展开自由联想时，所怀有的情绪就全然决定了其作用，假如怀有最大的坦白与真诚的情绪，决定正视自己的问题的情绪，而且想要把心中所想的都告诉另外一个人，那这种过程就可以为预想中的目标服务了。

通常来讲，这一目标是让精神分析师与患者都可以对患者的心理活动有所了解，进而最后对他的性格构成有所认识。还能够凭借自由联想来解决一些具体的问题，如焦虑的侵袭、突发的疲惫、胡思乱想或者梦境等的含义。面对一个具体的问题，为何患者没有任何反应？患者为何忽然感觉厌恶精神分析师？昨晚在饭店的时候，为何会产生一阵反胃的感觉？面对妻子，他为何无法尽丈夫的义务？或者在商讨的时候哑口无言？在患者思考具体问题时，他会想办法看见自己都想到了什么。

例如，在梦中的时候，一位女患者梦到自己非常贵重的东西失窃了，她感觉非常伤心。我问她，她因为这些时断时续的梦境想起了什么？出现在她脑海中的第一种联想是一位在两年多前把家中的某些东西偷走的女仆。患者对这位女仆并不是特别信任，她没有忘记在尚未发现女仆偷窃的时候她自己心中那种强烈的担忧与困惑的感觉。第二种联想是记起自己在小的时候，对拐骗小孩的黑面女人非常畏惧。随后是一个神秘的故事，她想到有人已经盗走了圣人皇冠上的珠宝。随后，她想到曾有一种议论被她无意中听到，大体就是讲精神分析师都是不可相信的。最终，梦中的一些事情被她想起来了，提示她应该去精神分析师的诊所。

可以肯定，这些联想暗指梦境和分析的情景是相关的。有关精神分析师不可相信这一议论，证明是与所花费的金钱相关的，不过这并不是一种正确的观点。在以前的时候，她始终感觉所花的钱是合情合理的，非常值得。是上次精神分析导致了这种梦境吗？她并不认为是这样，因为她上次从诊所离开的时候心情非常轻松，并且怀着感恩之心。上次的精神分析谈话所发挥的实际作用就是她已经了解到周期性的疲倦跟迟缓属于一种压抑症，一直都具有毁坏性的影响。因为她从未感到灰心丧气，所以她跟其他人都没有意识到这些周期的存在。但其实她吃了很多苦头，她的脆弱程度要比她预想的更加严重。她总是把自己受伤的情感压抑起来，因为她觉得要强迫自己化身为一位理想型人物，可以与一切抗争。就像那些一直过着超出自己经济收入生活的人头一次意识到完全不需要进行这种假装一样，她内心也充满了那样的轻松感。但是，这种解脱感很快就消失了。然而，不管怎么样，这种解放忽然让她感觉到，她在经历了那次分析谈话之后始终十分烦闷，胃部感到隐隐的不舒服，没有办法睡着。

对于自由联想，我不想进行具体阐述。最关键的思路证明是神秘故事的自由联想：我把她皇冠上的一颗宝石盗走了。要给自己或者其他人一种非凡力量的印象，这种努力必然让人感到累赘，不过，它所具有的作用也是非常关键的：她因为它而感到骄傲。在她真实的自信心尚且坚定的时候，她始终都急切地渴望着这些。她在它的守护下无法意识到软弱性格和荒诞倾向的存在。事实上，对她而言，它所扮演的是有用处的角色。我们揭示了这样的事实：它只是一种构成威胁的角色，对于这种威胁，她感到愤怒。

自由联想绝对不可以用于天文数字的计算，并且不能用来对政治局势进行清楚明白的分析。唯有具备机敏清楚的理智，才可以做这些工作。不过，自由联想产生了一种完全适用的办法——按照我们目前所知道的，办法只有这一个——对潜意识感情与努力的存在、关键性以及价值进行了解。

我还要再讲一下自由联想对自我认识的作用——它并不能产生奇迹。有人期待着，只要理智的控制被消除了，我们担忧与轻视自己的一切就会全部暴露出来，这并不是一种正确的观点。我们能够全然确定，这种方式所表现出来的真实情况绝对在我们可以忍受的范围内。仅仅会产生潜意识压抑的感情或者动机的衍生物，如同梦里面那般，它们以一种变换了的形式或象征性的表达方式呈现出来。在上述自由联想的环节中，圣人代表了患者潜意识中的理想形象。自然，在有些时候，让人想象不到的因素会以一种戏剧化的表现方式呈现出来，不过这只是在提前对相同的议题做了很多工作，让这些因素接近暴露出来的时候才会发生。就好像已经阐述过的在自由联想中的一环那般，受到压抑的感情的表现方式或许是一种类似于久远记忆的方式。在这一环中，对于她因为我毁坏了她试图自我夸赞而产生的恼怒，患者并没有直接表述出来，她仅仅是间接地跟我讲，我好像一个卑鄙的犯人，没有遵守圣洁的戒律，把别人宝贵的东西夺走了。

自由联想是无法让奇迹出现的，不过假如在进行自我联想的时候心情非常好，患者的思绪的确可以凭借这些自由联想显现出来，如同平常无法看到的肺、肠的工作情况可以透过X光看清楚那般，总体来讲，是以一种含义隐晦的语言展开的。

对所有人来讲，自由联想都不是一件简单的事情。这不但不同于我们平时的思想交流方式与一般礼节，而且每位患者所面临的困难也各不一样。虽然这些困难是彼此交叉的，不过它们仍旧能够被划分为不一样的种类。

首先，一些患者会在自由联想的整个过程中感到畏惧或者压抑，因为假如他们当真任凭感情与思想随意打开，他们就会对感情的禁止区域进行侵犯。从本质上来讲，存在的神经症倾向依然是那一触即发的特有的恐惧形成的根源。关于这一点，如下事例可以证明。

一个患者敏感忧虑，从小时候开始，他就一直害怕生活中难以预想的危难，他总是无意识地避免冒险。他一直坚持虚幻的信仰，宣称他可以通过不停地预想遥远的将来来掌握生活。所以，对于那些无法预先知道结果的步骤,他从不采用。在毫无准备的情况下，他肯定不会冒险，这是他最重要的原则。对于这种患者来讲，自由联想代表着最大程度的草率，由于这种过程的价值，恰好是在提前不清楚将会发生什么，并且不清楚会走向什么地方的情况下，准许将自己的全部表现出来。

对那些非常孤单的患者来讲，自由联想还面临着另外一种困难，这类人只有在戴着面具的时候，才不会感觉不安。对于所有对自己个人生活方面的侵犯，他都机械性地防卫着。这类人生活在象牙塔顶端，感觉所有对其私生活进行侵犯的行为都是危险的。对他来说，自由联想代表着一种难以容忍的侵袭，非常不利于他的独立生活。

还存在一类精神上不够独立自主的人，他们没有勇气形成自己的观点。他如同一只虫子那般伸缩它的触角，以此探知局势，却没有养成凭借自己的积极性去思考、感知或者活动的习惯。他呆板地关注着周边世界对他抱有怎样的期待。在别人接纳他的看法时，他就认为这是一种出色的、对的看法。在别人不接纳他的看法时，他就认为这是一种糟糕的、不正确的看法。对于表述脑海中的任何想法，他都感觉是危险的，但他仍采用一种完全不同于其他人的形式。他很纳闷为何自己只清楚怎样反应，却不清楚怎样自然地将自己的想法表达出来。对于他，精神分析师抱有怎样的希望？他只需要不断地讲话吗？对于他所做的梦，精神分析师是否有兴趣？或者有兴趣的只是他的两性生活？期待他被精神分析师的情网束缚住吗？什么是精神分析师赞同的，什么又是他不赞同的？对于这类人而言，坦诚自然地表达自己的看法让他产生这些让人担忧的、难以确定的事情，与此同时，还表明了绝不会将思想表露出来的态度。

最后，还有一类患者被自己冲突的陷阱困住，已经变得束手无策，而且不再拥有意识到自己身上本就拥有一种力量的本事。假如他想要接着进行努力，唯有从外部世界获得主动性。对于问题，他十分乐意进行解答，不过，在需要自己动脑的时候，他却感觉不知道应该怎么办才好。他积极行动的能力受到了压抑，没有办法继续进行自由联想。假如这位患者强烈渴望一切都能成功，那他就会因为自己对自由联想的无能而感到恐惧，因为他的压抑极有可能被他自己当作一种“失败”。

上述例子讲述了一些患者是如何因为整体的自由联想过程而感到恐慌跟压抑的。不过，即便是那些在普通过程中具有自由联想能力的人，他们思想上也有一两块区域，只要一被接触，同样会产生焦虑情绪。就拿克莱尔的事情作为例子，她基本是可以自由联想的，不过，在进行最初阶段的精神分析时，任意触及她生活中压抑的需求都会导致焦虑情绪产生。

另外一种困难就是将自己的一切感情与思想全部表述出来，这样让他觉得害羞或者难以讲出口的品性都必然会呈现出来。就像在神经症倾向那一章里所讲到的，那些被认为令人羞辱的品性有非常大的改变。例如一些以玩世不恭的态度追求物质利益，并且因此感到骄傲的人，假如他理想主义的倾向暴露出来了，他肯定会感觉难堪，不好意思。有的人骄傲于自己的天使外貌，但只要他自私至极以及丝毫不顾及别人的性格被揭示出来，他就会感觉惭愧不已。不管是怎样的伪装，只要被揭开，都会有相同的羞辱感形成。

在表达自己思想与感情的时候，很多患者所遇到的困难都和精神分析师脱不了干系。所以，没有办法展开自由联想的人——不管是由于他的自我防御因为这种自由联想而面临危险，抑或是由于他早已不再具备过多的积极性——都会轻易把他对这一过程的厌烦或者他没有成功的恼怒归结到精神分析师头上，并且会无意识地表现出对抗性的阻碍。对于自己的发展与快乐都已经到岌岌可危的地步这一点，他似乎已经不记得了。就算他并未因为这一过程敌视精神分析师，在一定程度上，也必然会非常担忧精神分析师的态度。他能够体谅吗？在他看来，我是不是治不好了？他是否会轻视我，或者对我不忠？对于我本人最佳的发展，他是否真正重视，或者他想要我屈服于他的模式？假如我把自己的观点告诉他，他会感觉受伤吗？假如他的暗示并未被我接纳，他会感觉不耐烦吗？

导致坦白诚实的自由联想难以进行下去的根源就是这些变幻莫测的担忧和阻碍。最终含糊其词的计策难以避免地形成了。一些微小的事情就会被患者有意省略，他肯定不会在分析过程中考虑到某些原因。由于感情是一眨眼就会消失的东西，所以它并不会被表达出来。在他看来，很多细节都是微不足道的，所以他都会一一省去。自由的思路将会被“推断”取代。对于日常生活中偶然发生的事情，他会坚持不懈地进行讲述。患者遇到越大障碍，成功的自由联想就越不容易产生。患者越是与自由联想靠近，他就越易被自己与精神分析师看穿。

患者在分析期间所要面对的第二项工作就是坦诚地正视自己的问题——通过认识一直到现在都还处在潜意识形态中的因素，对这些问题进行自我反省。但是，如同“认识”这两个字所暗指的那般，这不只是一个理智的过程。从费伦茨与兰克开始，都会在精神分析的作品中重申：这不但是理智的过程，同时还是感情的过程。假如使用术语来讲，它代表着我们获得了自身“内脏”所感知到的信息。

这种自我反省的作用或许就是对一种全然受到潜意识压抑的因素的认识。比如，一个人具有强迫的谦逊和善良，可以了解到他其实一直瞧不起别人，而且还认识到这是一种趋向，他原本是清楚这一趋向的，不过却一直对这一趋向的程度、强度以及品质一无所知。比如，患者或许了解到他怀有雄心壮志，不过，下列真实情况是他以前始终坚信的：他的宏伟志愿激情四射，对他的生活起决定性作用，其中所夹杂的摧毁因子是报复性的，意图超越别人。也许，这种自我反省是一种发现：某些因素从外表上看可能毫无关系，而事实上它们密切相关。一个人已经了解到对于自身的重要性以及一生的成就，他存在某种不符合实际的期盼，并且已经了解了他表面显得灰心丧气、忧郁，大体可以感觉到马上就要来临的灾祸必然会暂时打败他。不过，其中任何一种态度都意味着一个问题，对此他却从未怀疑，并且一直相信两者之间不存在任何关系。即便如此，他或许还会通过自我反省意识到，他过于死板地希望自己因为特有的价值而受到崇敬，甚至因为难以把这种愿望变为现实而感到非常愤怒，所以就降低了生活价值。如同一个贵族政治论者，因为太过固执，就宁愿就此死去，也不愿忍受一种与他的尊号完全不相称的、低水准的生活。所以，他预料到的马上就要降临的灾祸其实把一种潜藏的、不愿继续生存的愿望表达了出来，他之所以厌烦了生活，其中一部分原因就是他的期待落空了。

对于患者而言，获得问题的自我反省代表着什么，这是普通的专业术语难以说明的，就像没有办法说明对一个人来讲在阳光下赤身裸体代表着什么一样。阳光或许会杀害他，或许会解救他，或许会让他感到疲惫，也或许会让他精力充沛，其作用与阳光的强烈程度、自身条件都紧密相关。相同的道理，他或许会因为自我反省而非常烦恼，也或许会得到解脱。上面所探讨的问题都是非常相似的，也就是精神分析在不同阶段的治疗作用，不妨总结一下上下文中微小的差异之处。

有关自我反省或许会让患者得到解脱的说法有很多理由可以予以证明。首先，最不引人注目的是，只要把一直到现在都没有弄明白的现象的根源弄明白，一般都会使人感到愉悦。在人生中，无论是在哪个时期，只要能够认识到真理，就极有可能产生欣慰感。不仅现在的特性适合用这种思考进行说明，就连如今已经忘记的童年时期的记忆，如果它可以协助人们正确理解在事业最初阶段对他的发展造成影响的原因，就也适合用这种思考进行说明。

更加关键的是，患者通过自我反省了解到，他真实的感情已经被他之前虚伪的态度揭示出来了。在他的愤怒、激动、轻视、怯弱或者一直到现在都被潜意识压抑着的全部情绪都可以被他自由表现出来时，毫无用处的压抑就被积极主动的感情取代了，他就能更进一步地认识自己。对这种发现经常无意发出的笑声，证明他的感情获得了解放。尽管这种自我发现并不尽如人意，比如，患者了解到他一生都在“混日子”，或者始终试图去伤害别人抑或掌控别人，但这种发现本身却对治疗很有益处。自我反省除了可以增强自我感情、敏感性和能动性，还可以把之前那种一定要克制真实感情的紧张状况消除——之前用在抑制方面的力量如今也能用来增强有用的精力。

最后，和精力的释放程度密切相关，在潜意识的压抑被消除之后，便拥有了随心所欲的行动方式。只要一直抑制着患者的努力或者感情，他就会陷在绝境中，始终出不来。比如，在只感觉没有办法跟别人维持好关系而丝毫没有认识到自己敌视别人的时候,他不知道应该怎么应对这种敌视的态度。对于敌视形成的原因，他是无法认识到的，并且也无法在证明了它的存在时发觉它，更没有办法减弱或者消除这种敌视。不过，只有在消除了潜意识压抑，而且能对敌视的存在有所感知的时候，它才可以得到他的正视，并且接着发掘他自身的弱点。正是这些弱点让他产生敌视态度，并且他始终无法看清楚这些弱点，就像无法将敌视看清楚那般。通过揭示最终改变产生困扰的因素的可能性，自我反省可能带来极大的解脱感。就算并不能轻易做到快速改变，也依然存在解决问题的前景，哪怕最开始的反应可能只是一种伤害或者恐吓。克莱尔意识到她对自己期望过高，并且还有着极高的要求，她在最开始的时候感到恐惧，因为这让她强迫的谦虚有所动摇，她之所以会在精神上感到安全，就是因为这种强迫的谦虚。不过，只要可以消除这些强烈的担忧，内心就不再感到有负担，因为它证明了有可能从约束其手脚的锁链中挣脱出来。

不过，对自我反省的第一感觉大多是痛苦的，而并不是毫无负担的。就像在上一章中所探讨的那般，一种自我反省所拥有的负面反应有两种。对于自我反省,其中一种反应是将其当作一种危险，另外一种反应则是灰心失望。虽然这两种反应有着不一样的呈现形式，不过从本质上来讲，它们只是表现程度不同，但它们都是因为患者尚且无法或者不想抛弃自己对生活的基本主张才产生的。当然，究竟是哪种主张这取决于他的神经症倾向的类型。

这些主张之所以会这么的顽固、强硬以及难以抛弃，恰恰是因为这些倾向的强迫本性。比如，一个人深陷权力欲望之中，在不舒服、不开心以及缺少女人和朋友的情况下，他可以做所有让自己生活得满意的事情，不过他必然会要求获得权力。对于这一主张，只要他下定决心坚持，所有质疑这一主张价值的行为都会让他愤怒或者受惊。这种受惊不只是因为意识到他绝不可能实现自己的独特目标，还因为他的目标让他难以实现别的同样重要的目标，让他的痛苦与阻碍难以清除。再比如，一位患者饱受孤单和无法跟别人保持良好关系的痛苦，却仍旧不想从象牙塔中走出来，倘若他意识到自己要想免受孤单的痛苦，唯有从象牙塔中走出来时，他必然会感到焦虑。对于那种觉得依靠自己的毅力就能掌控生活的信念，只要患者一直坚持，一切暗指那是一种虚幻信念的自我反省都一定会让他感到焦虑，因为这让他感觉自己脚下没有了可以立足的大地。因为患者逐渐感觉到了幻象的存在，所以这些自我反省才会产生焦虑。他慢慢意识到只有将自己的基础改变了，他才有可能不再受束缚。不过，那些不得不改变的因素仍旧非常牢固，对他而言，那些因素依然是和自己、和其他人斗争的一种关键办法，所以他畏惧改变。在这个时候，自我反省所造成的就是恐惧，而不再是自由。

假如患者意识到他只有通过这种改变才能获得自由，但自己却根本办不到，那他的反应就是灰心丧气，而不再是恐慌。这种丧失信心的情感在他的意识中远远不及对精神分析师的怨恨。面对这样的自我反省，在他感到束手无策的时候，他就会觉得自己是被精神分析师残忍而又茫无头绪地引导到这里的。对于那些无法根本地服务于我们明确目的的痛楚和困难，我们所有人都不愿去忍耐，所以这种反应是情有可原的。

自我反省的不积极反应并不是分析过程的终结。实际上在有的时候，这是快速得到解放的过程，并且这过程并不长。对于那些决定患者可不可以经由进一步的精神分析而改变对某种特别的自我反省的态度的因素，我在这儿完全不需要进行具体叙述。可以说，这种改变是完全可以实现的。

但是，将认识我们自身的反应划分为产生解脱、恐慌或者丧失信心等类型，我们对它还不能说是彻底了解了。不管会引发怎样的直接反应，每种自我反省都代表着试图挑衅现有的平衡。被强迫的需要驱使的患者会过于按部就班。对于一种目的，他依照自己的愿望追逐着。他在很多方面受到压抑，在各个领域都显得脆弱。他不得不把所有精力都浪费在抗争潜意识压抑的畏惧与憎恨上。他与他自己以及其他人都脱离了。虽然这一切缺点都存在于他的心理活动方法上，仍旧有一种有机结构由他内部的活动力量产生，在这个有机结构内部每一种因素都和另外一种因素有联系。所以，如果无法影响整个的有机体，所有因素都会保持不变。严格来讲，单独的自我反省是不存在的。在通常情况下，常常会出现患者在此处或者另一处停滞的事情。对于所取得的结果，他或许会有一种满足感，也或许会觉得消沉。对于持续前进，他或许会主动抵御。不过，从原则上说，只要是一种自我反省，不管这种自我反省如何渺小，它都会因为和别的心理因素的关联而将一个新的问题揭示出来，所以整体平衡就面临着被其撼动的威胁。越是牢固的神经症倾向，就越难以容忍任意变化。自我反省越是与基础密切相关，就越会产生更强烈的焦虑。“抗力”，就像我会在以后进行说明的那般，最后从需求转化为保持现有状态。

等待患者的第三个工作就是让妨碍他最高发展的内部因素发生变化。这并不意味着只是行动或者习惯上的显著缓解，例如得到或者再次得到公开行动、创造性的劳作、彼此协作以及男女关系等的能力，并且不只是意味着消除畏惧或者消沉的倾向。在成功的精神分析期间会自然而然地出现这些改变。这些改变并不是最重要的，不过它们是由于人格中不显著的变化形成的。例如，用更加实际的态度面对自己，而并非徘徊在自我膨胀与自我轻视之间；拥有胆量主动行动、做判断，而并非迟缓、怯弱；可以拟定计划，而并非犹豫不决；把自己的重心找出来，而并非在别人身上寄托自己所有的希望，并且不对别人过于谴责。得到更多的友情以及对别人的体谅，而并非抱着防备性的敌视。假如这些改变都出现了，那外界活动与症状的改变就必然会跟随而至，且在程度上与其一致。

很多在人格上产生的改变并不会引发出特别的问题。假如自我反省是一种真实的感情体验，其自身就能引发一种改变。假如一直到现在都受到压抑的敌视就是所获得的自我反省，那么就说明一切都没有改变：依然存在敌视，唯一不一样的就是这种敌视被发现了。这种观点只跟机械论相符合。事实上，假如患者过去只清楚他由于迟钝、疲惫而感到愤怒，如今，他对受到压抑的具体敌视有所了解，知道上述烦恼恰好是因为这些敌视而形成的，那么这就会令他产生重大改变。就像我们之前所讲的，在意识到这一点的那一瞬间，他会觉得自己好像变了一个人。他跟别人的关系肯定会因此受到影响,除非他马上想办法消除这种认识。如此一来，就会让他对自己感到惊讶，引发他对敌视的价值进行认识，把他面临未知事物时束手无策的感觉消除掉，让他感觉更加充满活力。

还有一些改变会因为自我反省的非直接后果而自然形成。只要排除了患者产生焦虑的根本原因，不管是哪一种原因，他的强迫性需求就会跟着降低。只要受到压抑的羞辱感被发觉并获得了认识，就会有更多的友情自然而然地形成——就算适当的友情问题尚未被牵涉。假如意识到害怕失败，并且这种害怕还得到了缓解，患者就会自发变得更积极，而且拥有了对那些迄今尚无意识避免的事情进行冒险的勇气。

一直到现在，自我反省看上去是和改变相符的，好像完全不需要把这两种过程当作互不相同的工作来讲。不过，有些情景存在于分析过程中——这种情景也是生活自身所具备的——虽然自我反省已经形成，患者依旧拼尽全力对改变进行抵制。前面已经探讨过一些情景了。可以这么总结，当患者意识到自己不得不抛弃或者缓和自己对生活强迫性的见解的时候，假如他想要发泄精力，以便进行合适的发展，那么他就应该展开艰难的斗争，而且最终凭借自己的睿智说明，这种改变是不需要的，也是绝不会发生的。

在患者被精神分析引向必须直面那些需要做出决断的冲突时，自我反省与改变都十分明显呈现的情景就会显现出来。精神分析中所揭露的冲突并非全都具备这种性质。比如，假如意识到在一定要掌控别人与一定要依照别人的愿望做事之间存在彼此冲突的驱动力，那就完全可以在这两种倾向之间做出决断。这两种倾向都需要进行分析。在患者发觉自己和别人相处得比较好的时候，两种倾向都将遭到消除或者在一定程度上遭到减弱。但是，假如有一直到现在都还属于潜意识的冲突存在于自身实际利益与理想之间，那就变成另外一个问题了。或许，已经用完全不一样的方法把这个问题搞得不清楚了：虽然已经认识到了愤世嫉俗的态度，不过，理想依然遭受着压抑。假如这些理想偶尔会出现，随后却又被刻意隐藏起来；或压抑了对物质优势（金钱、名望）的渴望，却刻意坚持不懈地保持理想；或尚未确切地意识到实现理想的方式应该是放荡不羁，还是谨慎严肃。不过，在显露出这种冲突时，只是见到它或者清楚它的细节还远远不够。在具体叙述了一切问题之后，患者最后不得不做出决定，他一定要判决是不是准备认真实现自己的理想，或者实现到何种程度，而且打算在怎样的范围内实现物质利益。如此，这就是患者从自我反省到调整自己态度的犹豫不决的一种情形。

自然，患者所面对的三种工作一定有着密切关联。他彻底地表达自己，为自我反省做好准备工作，让自我反省发生改变或者替改变提前做好筹备。每一步都对别的步骤发挥着影响力。对于获得一定的自我反省，他越是采取回避的态度，就越不容易进行自由联想。对于一定的改变，他越是抵御，就越否定自我反省。但是，目标已经改变了。除了为了自我反省以外，认识自己的最大意义还在于把自我反省当作透视减弱、控制感情、努力程度以及态度的一种方式。

对于改变，患者的态度一般会经历不同的时期。在通常情况下，他在开始治疗的时候奢望着这种治疗方法是奇妙无比的，期望他自己可以在一成不变的情况下消除所有烦恼，抑或在自己不用主动展开分析工作的情况下消除所有烦恼。随后，他又觉得精神分析师是具有魔法的，进而盲目地尊重他。接下来，在他了解到这是一种完全没有实现的可能性的期望时，他就萌生退意，甚至失去了之前的“信念”。他争辩称，假如精神分析师只是寻常人，就如同他自己这般，那他又可以从精神分析师那里得到什么好处？更加关键的是，他表达出了对自己主动做所有事情都失去信心的情绪。假如他可以消耗完自己的精力，进而可以积极主动地做事，唯有在那个时候，他才可能最终意识到精神分析师只能为他提供帮助，而他自己的发展只是他本人的事情。

在精神分析过程中，患者所面对的工作困难重重，但是收获满满。完全坦诚地表达自己是困难的，不过这件事仍然是有益的。获取自我反省的道理与进行改变也是相同的。所以，相比走捷径，把精神分析当作协助自己发展的可能办法是完全不一样的。它需要患者这一方的大量决心、自我约束和积极斗争。在这方面，它和一生中协助一个人长大的其他情景是相同的。我们在把前进道路上的困难攻克之后，就会成为更加强大的人。

第五章
精神分析师在精神分析期间的作用

在通常情况下，精神分析师的任务就是让患者对自身有所认识，使患者的生活方向发生改变，直至患者认为有必要让自己的生活方向发生变化。为了对人们解释精神分析师为了达到这个目的所做工作的十分特殊的作用，就需要把他的工作依照种类进行划分,然后一一对它们进行探讨。他的工作可大致划分为五个阶段：观察、了解、解释、帮助抑制抗力、普通人的协助。

精神分析师的观察在相当程度上完全等同于任何拥有敏锐观察力的人的观察。这些观察在某种程度上拥有特别的特性。就像其他人那般，精神分析师会对患者行为中的一般品质，比如冷漠、热情、正直、自觉、抵抗、服从、怀疑、自信、武断、怯弱、无情以及敏感等诸如此类进行观察。在只是对患者的倾诉进行聆听的时候，他不必直接做出努力就能得到很多普通的印象：这位患者的精神是紧绷的，还是放松的，抑或是遭到了强制的；他所讲的话是逻辑性的、压抑性的，还是跳跃的和发散性的；他所讲的只是抽象的简单内容，还是详细的情况；他是根据情况而变化着的，还是客观的；他是主动与精神分析师讲话的，还是被动讲话的；他是千篇一律的，还是把他自己内心的真实想法和感觉表述出来的。

在专门的观察中，根据患者所讲述的有关自身的经历，精神分析师首先是认识了患者的过去与现在，他与他自己以及与别人的关系，他的计划、愿望与担忧，还有他的思想。其次，根据观察患者在工作中的行为，精神分析师对每位患者的各种反应进行了解，在对工作、时间、怠工以及别的客观情形的大概内容进行排序的时候，每位患者都有着完全不一样的反应。关于自己正在接受精神分析这一真实情况，每位患者也都有着不一样的反应。一位患者视精神分析为非常好玩的脑力活动，不过这位患者并不承认自己的确对它有需求。另外一位患者视精神分析为一件丢脸的事情，在他看来，它让自己的隐私暴露了出来。还有一位患者把精神分析当作一种对自己的特别对待,并且产生一种骄傲感。同时，在面对精神分析师的时候，患者的态度处于一直变化的状态，因为和他们在其他人际交往中一样，他们藏有很多秘密。最后，通过患者的反应会发现他们有很多难以捉摸的、明显的举棋不定的表现，而这些举棋不定的表现本身就已经把秘密暴露出来了。两种信息来源——患者就自身情况所讲述的以及通过观察患者的真实行为得到的——相互弥补，如同他们在每种关系中的表现。有关某个人的经历以及他如今对待朋友、女人、处理事情以及政治活动的方式等情形，就算我们了解到很多，假如我们与他会面，观察他的行为，那么他的形象在我们脑中就会更加清晰。这两种信息来源都是必需的，并且有着同等的重要性。

精神治疗师的观察与别的观察没有什么不同，都是以兴趣为基础的。作为一名女店员，她会对客人的不同身份给予关注，而作为一个身处社会福利工作岗位的人，却要尽力去保护应该受到保护的人。在与即将上岗的工作人员协商的时候，老板会重点关注其积极性、适应性以及可靠性等方面，而如果是一位与教区居民交谈的牧师，让他有兴致的则是道德举止以及宗教信仰方面的内容。精神分析师并不只单纯地对患者的一部分情况感兴趣，甚至不仅仅对心理不正常的那部分感兴趣，而是对患者的整个人格感兴趣。既然想要对患者的整个人格结构进行认识，而对于这些情形跟疾病有着怎样的关系，又没有办法轻而易举地了解，那精神分析师就需要对尽量多的方面进行密切关注。

专业精神分析的观察把精神分析有关认识与了解患者潜意识动机的目的引了出来，这是精神分析的观察与普通观察在本质上的区别。我们或许还可以在普通观察中对一些潜藏的倾向有所感知，不过这种感知或多或少带有一些假设的成分，甚至是不成系统的。并且在一般情况下，对于我们自身或接受观察的人的心理因素是不是控制住了它们，我们并不会用心去分辨。不管怎么样，在精神分析过程中，专业的精神分析观察这一步骤是一定要有的。这些观察相当于系统地分析了潜意识的力量，这种力量与自由联想中所表现出来的完全一样。对于这些东西，精神分析师用心聆听着，不会太早挑选任意一个因素，而是把相同的兴趣分别投注在所有小事上。

精神分析师观察到的情况和他准确无误的观察方式是相互呼应的。对于一个人或者另外一个人的普通特性，精神分析师可以敏锐而又轻而易举地了解到，如同一个人身处雾气缭绕的风景区，却能够将一栋房子与一棵树不甚清楚的形状分辨出来那般。不过，精神分析师所观察到的大多数内容只是一个谜团，它是由外表看起来彼此毫无联系的微小事情构成的。他在这种情形下又是怎样了解它们的呢？

精神分析师的一些办法是能够与侦探小说中的侦探攻略相提并论的。但是，必须要提及的一点就是侦探渴望找到犯人，而精神分析师只是尝试着认识患者的整体，不管是好的，还是不好的，而并不是只想发现患者身上不好的东西。而且，精神分析师并非一下子接触好几个人，这些人都是怀疑对象，而只是与一个人自身中强大的驱动力接触。对于一切力量，只是质疑它们可能发挥着阻碍作用，而并非质疑它们都是不好的。精神分析师有远见地观察所有微小事情并对它们进行精心挑选，通过这种挑选，他们把患者的重要情节都收集起来，挖掘它们之间的关联，并且构成一幅粗略的图像。然而，要想确定自己的解释是对的也是非常困难的，要屡次对这一解释进行测验，看它是不是的确把全部因素都包括在里面了。在侦探小说里面，一些人同侦探共事，虽然从表面上看，有些人是在协助观察，而事实上他们却在偷偷阻碍侦探工作的进程。假如他们意识到将面临危机，就必然会躲避起来，同时进行攻击。与此相似，在精神分析过程中患者的一部分力量会摆出合作的态度——这种条件是必须具备的，精神分析师则要去做另外一部分工作，因为还有一些力量正在竭尽所能地进行隐匿或蒙骗，在预感到面临着暴露的威胁时，变得惊恐并怀有敌意。

精神分析师主要是通过患者的自由联想来获得对患者潜意识动机与反应的认识，就像上章所叙述、分析的那般。不过在一般情况下，对于自己所提供的内容，患者并不清楚其中有着怎样的含义。并且，在从患者那里获得的很多不同因素中，精神分析师为了拼凑一个前后相符的形象，既要把患者所讲的内容听清楚，又要尽力去了解他实际想要表达的意思。在表面上，有很多信息凌乱地堆积着，精神分析师竭力要把里面隐藏的那根红线找出来。假如还有很多未解之谜包含在里面，那他这种努力有时就会失败。而有时，上下文自身就对问题进行了解说。以下例子就是为了说明他们的无知。

一位患者跟我说，他在一个糟糕的晚上感觉抑郁程度更甚过往。他的秘书生病了，并且是流行性感冒。由于担心被传染，他不但工作受到了妨碍，就连心情也变得烦躁无比。接下来，他还讲到了一些欧洲小国的恐怖的侵权行径。最后,他还记起一个大夫，这个人没有把药的含量跟他讲明白，因此导致他非常愤怒。在那个时候，他又想起了一个并未及时送来上衣的裁缝。

关键因素是因为事情不顺遂而产生的烦闷。通过他罗列的秘书生病和同一线索上不靠谱的裁缝，显现出了他完全以自我为中心的埋怨特征，好像他的隐私遭到了这两者的侵犯。他因为秘书的流行性感冒而又一次产生了对传染的担忧，这一事实并未促进他去思考自己应当竭力把这一担忧消除掉。在这里出现了不公平的主题：他的期盼并未获得别人的关注，这是不公平的。既然他担心被传染，那他身边的人就应当都保持健康。如此一来，他的困境就是别人导致的。对于这种力量，他毫无招架之力（他其实是不具备让自己的希望变成现实的能力的），如同欧洲小国对侵略无力抵抗那般。在这儿，他还把一种特殊含义赋予了那个关于大夫的联想。这个联想还包括一个未得到许可的希望，此外，还牵涉他对我的埋怨，因为我并未把有关他的问题的确切答案告诉他，仅仅是在周围探索着，而且希望他能够合作。

还有另外一个例子，这个例子非常简单。一位少女跟我说，她总是在买东西的时候感到心律不齐。她的心脏的确有些脆弱，不过对于自己为何总是在买东西时犯病，而连续好几个小时不停地跳舞却没有犯病，她百思不得其解。她对引发心律不齐的心理因素一无所知。她曾经买过一件女式衬衫，那件衬衫十分华美，被她当作生日礼物送给了自己的姐姐，做这件事让她很开心。姐姐肯定会非常喜欢这份生日礼物，并且赞不绝口，对此她开心地预想着。其实，为了买下这件衬衫，她花光了所有积蓄。她并不富裕，因为她把全部债务都压缩了，或者说她已经制订了非常好的计划，可以在几个月内还清所有债务。在讲到这里的时候，她表现出非常明显的自我称赞情绪。这的确是一件非常好看的衬衫，导致她都萌生了给自己也买一件的想法。在明显无意间讲出这一问题以后，她把对姐姐的一些埋怨表现了出来。她讲述着自己与姐姐的矛盾，并且说自己感到非常痛苦，她受到了姐姐毫无理由的斥骂。她这些埋怨中夹杂着一些对名誉有损的话，让人感觉她姐姐比她差劲多了。

对于这个并未提前考虑过的感情序列，即便猛一看，也能看出其中她对姐姐的矛盾感情的表现：既想要获得她的欢心，又对她充满了埋怨。这个冲突在买东西这件事上体现出来了。喜欢那一面的表现方式就是买生日礼物这件事，强烈的不满在短时间受到了抑制，因此就通过吵闹的形式呈现出来。心律不齐就是其导致的结果。这种矛盾感情的冲突并不总会引发焦虑。在一般情况下，一种矛盾的感情受到抑制，或用一种协调处理的方式把两者都融入其中。不过在这里，如同这一联想所体现出来的，冲突的任意一方都并未受到抑制。与之截然相反的是，喜欢与不满被摆放在同一意识水平的跷跷板上。从能否意识到的角度来讲，在其中一方的感情上升时，另外一方就会下降。

更加仔细地进行观察，这个联想把更加详尽的情形体现了出来。在第一阶段，自我称赞的主题是非常明显的。而在第二次出现时，自我称赞却是委婉的。对她姐姐的名誉有所损毁的话不但把夸张的敌视情绪表达了出来，并且还说明了患者让自己的光芒胜过姐姐的光芒。在她进行联想的全过程，都显现出她将姐姐置于自己之下的倾向，她持续性地、无意识地拿她自己的慷慨大方以及对爱的贡献对比姐姐的糟糕行径。这种自我称赞与同姐姐的角逐之间的关联将这种可能性表现了出来，也就是说，她之所以要发展并维持自我称赞，主要是因为想要胜过姐姐。这一假设还能对另一种冲突进行说明，就是在那家店铺中出现的冲突。买非常贵的女式衬衫的欲望不但把一个试图处理冲突的英雄的决心体现了出来，如同她的那种做法，并且将她想要树立自己高于姐姐的优越地位的愿望表述了出来，这一点是凭借获得姐姐的称赞以及显现自己更多的爱、贡献、宽容来实现的。在另外一方面，经由将比自己所穿的更加好看的衬衫送给姐姐，她其实将自己摆在了一个“优胜”位置。对于这一问题,为了对它的关键性进行认识，就不得不指出一点，也就是在角逐过程中，谁装扮得更漂亮发挥着极大的作用。比如，这位患者在装扮自己的时候，总是喜欢模仿她姐姐。

这些例子并没有非常复杂的认识过程，不过有一个问题却因为这一过程明朗化了，也就是应该重视所有的观察。就像患者应当把自己脑海中的所有事情都坦白表述出来那般，精神分析师应当注意每一个细节，将其看作具有潜在含义的事情。对于任意一种言谈，他都不应当轻易放弃，觉得它一点儿都不重要，反而应该慎重看待所有独立的观察，并且一个都不放过。

同时，他应当不停地对自己提问：患者这一特殊的感情或思想的增长期为何正好是此时？它在这个特定场所意味着什么？比如，在某个场所，对精神分析师的友善或许是为了诚挚地感谢他所给予的援助与理解而做出的表示。而在另外一个场所它或许代表着患者渴望爱的增强，因为在上一段分析中所遭遇的新问题将焦虑情绪引发了出来。在第三个场所它或许代表着希望能够对精神分析师竭尽所能进行工作的价值给予肯定，因为已经消除了冲突，患者希望这一点可以得到“爱”的证实。在上一章所举的例子中精神分析师被当作小偷或者骗子，这并不是因为患者一直对大夫怀有埋怨，而是因为一个特定因素，也就是大夫在上一段精神分析中伤害了患者的自尊心。在另外一个场所，有关对欧洲国家非正义侵入的联想具有不一样的含义——比如，因为同样遭到欺负而产生了共鸣。对大夫的这种言语上的谩骂表现了他因为没能实现自己的希望而感受到了多么强烈的不公平感，而这只是和患者对秘书生病这件事感到的烦闷以及他另外一个联想有关。对于一个联想，无法顺利检验出它与之前的和持续在出现的联想的确切关系，也无法顺利检验出它与以往经历的确切关系。这不但会导致不正确的解释，并且，或许还会让精神分析师错过一个根据患者对特定事件的反应来对一些问题进行分析的机会。

对一种关系的联想进行揭示的过程并不需要很长时间，在有的时候只是两个观察所构成的顺序就指出了正确的理解思路，虽然第二个观察是自发产生的，而并非因为智力才形成的。比如，在接受最初阶段的精神分析治疗的时候，一位患者感觉疲惫，并且非常恐慌，他的第一次联想毫无用处。在前一天夜晚，他喝了酒。在我询问他是不是稍微感到头疼恶心的时候，他予以否认。不过在最后一个小时获得了很多成果，他那个时候泄露了担心负责任这一真实情况，或许即将面临的失败震慑住了他。于是，我问他是不是对已获得的声誉感到满意。因此，他回想起自己被妈妈拉着从博物馆经过的情景以及自己这段让人厌烦苦恼的经历。尽管仅仅是这么一个联想，还是揭示了隐匿起来的问题。对于我所询问的有关他对自己的声誉是否感到满意这一问题，它给出了一部分答案。（这是他特有的一种反应，因为所有与强迫相似的事情都让他非常敏感，尽管这时候他自身解决问题的积极性已经被抑制了。）在跟我讲话的时候，他产生了犯难情绪，并且对持续接受治疗感到非常不耐烦，但因为他意识到了这一点，所以反而感觉自己可以随意感知和表述另外一种情绪了。这种表现的实质是，在他看来，相比他在博物馆的情况，精神分析显得更加糟糕，因为精神分析代表着他被拉着一一去看自己的很多个失败。他因为这一个联想，在无意间再次恢复到上一段思绪，也就是显示出对失败非常敏感的思绪。这证明了过去的发现非常细致，因为那个发现将这一种真实情况显现出来，也就是对他而言，在他的个性中所有阻碍他成功与有力地发挥影响力的因素都只是“失败”的代名词。如此一来，对于精神分析，他就显示出了一种基本抗力。

同一个患者再次过来了，并且很不开心。在前一天夜晚，他与一个朋友相遇了，这个朋友把自己攀登瑞士帕吕峰的经历告诉了他。他因此而回忆起了一件事。他有一次去瑞士，帕吕峰在他可以随意安排行程的那几天一直处在云雾缭绕状态，导致他没有办法去攀登。在那段时间，别人经常会遭受他的怒火攻击。他在前一晚感觉自己再次产生了以往那种期望。他在床上躺了几个小时，却并没有睡着，一直幻想着他的计划、他的愿望要如何去实现，诸如战争、钱以及时间等一切阻碍要如何去解决。他的大脑即便是在睡梦中依旧在和阻挠抗争，睡醒之后就感觉非常不开心。在接受精神分析的过程中，他脑海中浮现出一个从表面上看八竿子打不着的形象，也就是中西部城镇郊区的情景，对他而言那是枯燥与悲凉的写照。在那个时候，他对生活的感受都体现在了这个形象中。不过，二者存在怎样的关联呢？如果他没有去攀登帕吕峰他就生活凄凉吗？的确是这样，他在瑞士的时候全心全意想着攀登帕吕峰，这种无法实现特别愿望的心情几乎是难以名状的。他并未把登山当作自己的嗜好，并且这件事已经过去好几年了，之后就再也没有记起。那么很明显，帕吕峰并非他苦恼的根源。在恢复平静之后，他发现就算是此时他也没有去攀登帕吕峰的想法。在瑞士的那段情景死灰复燃,代表着一些更深层次的问题。他的一个迷惑别人的信念被打乱了，这个信念就是，假如他期望在某一方面获得成功，他就应当具有实现这一期望的本事。对他而言，所有难以攻克的阻挠都代表着难以实现期望，就算那些阻挠如同山上的云雾那般完全不在他的掌控中。那些牵涉中西部城镇冷清寂寞的郊区的联想，它只是把一个非常有趣的事情引导了出来，那就是他坚信自己的期望的确是充满力量的。这代表着假如他不得不将自己的信念抛弃，那他也就再也没有生存下去的意义。

就认识本身而言，屡次出现在患者所讲述的资料中的主题或者次序都很有价值。假如患者的联想在完结之时常常带有含蓄的迹象，也就说明患者的智慧与推理能力都非常不俗，或者按照普通的说法是一个不同寻常的人。如此一来，精神分析师就会了解到，对于患者而言，其信念在这一切特质中最具有至高无上的、容易引发激动情绪的作用。一位患者如果抓住机会表达出自己因为精神分析所受到的伤害，那么他就会指引着精神分析师根据他所暗示的那些事情得到假设，并且这种假设还完全不同于抓住机会对自己的改善进行强调的患者的说法。在以往的例子中，假如患者所展示出来的伤害和他屡次说明的遭受不公平对待、受伤或者蒙骗不相悖的话，那精神分析师就会对患者本身的那些要素进行重点关注，这些要素说明了为什么他绝大部分的生活都是以这种方式度过的，同时也说明了因为这种态度而引发的结果。这些反复出现的主张既将某种典型的反应显示了出来，也提供了理解一些问题的线索——为何患者的经历总是以重复某种一成不变的形式进行着。比如，在面对一个计划的时候，他为何多次都最初满怀热情，但没过多久就又将其抛弃？或他为何总是怀着相似的失望来面对跟朋友或者爱人的关系？

在患者的矛盾中，精神分析师也会将有用的线索找出来，这些存在于患者整体结构中的矛盾肯定会大量地显示出来；同样，在夸张的举止，例如强烈的反应、感激、愧疚、怀疑这些和愤怒显著的不同中也能找到端倪。从表面上来看，这种过多的情感时常把一个隐匿的问题显现出来，它指引精神分析师对患者因为那种愤怒而产生的情感方面的价值进行关注。

对于理解，梦境与幻想都具有明显而又关键的价值。它们既然率直地显现出潜意识感情与抗争，那它们就可以把一条前往理解的道路呈现出来，而在别的情形下，这并不是一条引人注目的道路。有一些梦是非常容易理解的。但在一般情况下，它们总是用一种深奥难懂的语言表现出来，想要明白这些语言的意思，唯有借助于自由联想。

患者从合作转变为运用各种措施进行防御这一特性，为治疗师提供了另一种分析途径。因为这些抗力的因素慢慢都被精神分析师发觉了，所以精神分析师也就慢慢增加了对患者特征的认识。在有的时候，患者回避或者抵抗的真实情况以及他这种行为的直接因素都是非常明显的。要想发觉心理障碍的存在，更加常用的敏锐观察是必不可少的。有关对心理障碍形成因素的认识，患者的自由联想所给予的帮助也是必不可少的。在对抗力的认识上，假如精神分析师获得了胜利，那他所拥有的学问就会增长更多，对导致患者难过与恐慌的因素及其所引发的反应的实质会有一个清晰的理解。

相同的，可以把问题讲清楚的还有患者忽视的论题，抑或一旦他与这些论题有所接触，就会马上放弃它们。比如，假如患者严格地避免自己将一切牵涉到精神分析师的评判思绪表现出来，尽管在别的方面，他都有着过于严格与谴责过多的表现，但精神分析师仍然能从中获得一条重要线索。至于另外一个例子，便是一位患者无论如何都不愿意把自己前一天所经历的让他感到烦恼的特别事件讲出来。

精神分析师在这一切线索的援助下，慢慢得到一个系统的有关患者过往以及如今生活的图像。此外，还得到了在他的个性中发挥影响力的力量的图像。并且，对于患者与精神分析师以及与精神分析情景的关系中发挥影响力的要素，它们也协助进行认识。由于几个因素，尽可能对这种关系进行正确认识是非常关键的。第一种情形，精神分析会因为这种关系而受到完全的阻挠，比如，患者隐藏了对精神分析师的潜在的强烈埋怨。对于马上就要对自己的诉说进行聆听的人，假如患者内心依然抱有无法消除的埋怨，那么就算患者所怀有的愿望是这世上最美的，他也绝不会自发地轻易将它表述出来。第二种情形，对于精神分析师，患者无法采用和对待别人不一样的感知与反应，于是在精神分析过程中，他就会在不知不觉间显现出一些和他显现在别的关系中的一样的不理性的感情要素，一样的抵抗，一样的反应。如此一来，通过总体分析这些要素，精神分析师或许就可以认识到患者在其普通人际交往中所遇到的困难，而在整体的神经症中，最重要的问题就是这些，如同已经呈现在我们眼前的那般。

事实上，简直有数不胜数的线索可以帮助分析师慢慢认识患者的心理构造。不过，对于我们的论证阐述存在非常关键的一点，那就是，想要运用这些线索，精神分析师就需要凭借精准的推理和直观感觉。换言之，对于他是如何获得他的试验性假设的，他无法一直进行准确的说明。比如，我在我本人的工作中为了实现一种认识，有的时候会借助自己的自由联想。在聆听患者的讲述时，我脑海中或许还会浮现出患者在很久以前跟我讲过的一些事情。但是，这件事情对现在的情景有着怎样的意义，我无法马上就有所认识。我已经知道要一直重视这些自由联想，在仔细观察这些自由联想时，往往都能够证实它们并不是毫无价值的。

在精神分析师发觉一些可能存在的关联或者得到在相当范围内发挥作用的潜意识要素的印象时，他将会把自己的想法告诉患者——只要他觉得是适合的。因为这本书并非有关精神分析技能的教材，因为挑选机会与解释之外的面谈艺术和自我精神分析是没有任何联系的，那在这里，我们仅仅需要讲这一句，也就是在精神分析师觉得患者可以接纳而且可以运用时，他将会给出一个解释。

解释是暗示一些可能的意义。原本，这些解释或多或少含有试验的意思，在面对它们的时候，患者也有着各自不同的反应。从根本上来讲，假如一个解释没有任何错误，那它或许就会获得预想中的效用，而且将一些可以引发更加深刻含义的联想激发出来。抑或患者或许会对它进行深入而透彻的考察，而且慢慢证明它的可靠性。就算这种说明只有部分准确，患者或许也会因此将一个全新的思想倾向引导出来，证明他是愿意合作的。不过，一个解释或许也会引发惶恐不安或者防御的反应。上一章牵涉患者对自我反省的反应的探讨，在这里也是有价值的。不管患者有着怎样的反应，了解它们并从中得到新知识就是精神分析师需要做的工作。

共同努力才是精神分析治疗最重要的部分，对于患者的阻碍，患者和精神分析师都要竭尽所能去进行认识。如同呈现在我们眼前的那般，患者竭力向精神分析师揭示自己，精神分析师进行观察，而且尽力去理解，在适当的情况下把自己的解释告诉患者。在那个时候，他以暗示的方式把或许存在的含义告诉患者，双方都竭尽所能对这些暗示的真实性进行考证。比如，他们尽力了解一种解释只在此时的情境中是正确的，并且具备普遍的重要性。它必然会得到证明，并且它的正确性是限定在某些范围之内的。只要占优势的是这种合作精神，精神分析师就可以轻易认识患者并把自己所发觉的告诉患者。

使用专业术语来讲，只有在患者发展了“抗力”时才会出现真正的困扰。患者在那个时候用各种各样的方法不予合作。他违背了协议，或者将之抛诸脑后。他希望可以暂时停下来，时间为几天或者几周。对于合作，他不再感兴趣，而精神分析师的爱与友情才是他最急需的。他开始了浅薄而又难以捉摸的自由联想，不具有任何作用。对于精神分析师所给予的暗示，他停止了考察，对它们厌烦至极，并且感觉遭受了打击、伤害以及曲解，内心产生一种羞辱感。对于所有想要给他提供援助的尝试，他或许都怀着绝望而又没有价值的严厉情感加以拒绝。是因为患者对某些自我反省难以接受，所以才导致这种相持不下的局面。它们给患者带来如此痛苦的感觉，让患者感觉畏惧不已，它们把他所怀有的并想要坚持到底的幻想给偷偷摧毁了。并且，为了能够挣脱它们，他倾尽全力尝试了各种办法，尽管对于自己正尝试着打退让人厌恶的自我反省的做法，他仍处于一无所知的状态。他所认识到的全部，也就是他自以为所认识到的全部，都是他遭到了曲解，遭受了侮辱，或觉得这是一项没有任何价值的任务。

并且，从整体的角度来讲，这位患者已经被精神分析师牢牢拽住了。自然，在所有或许存在端倪的暗示中——根据一种说明，根据指出来的问题以及根据所表达出来的疑问等给予的内容中，都有一些具有引导价值的内在含义包含在其中。不过，患者才是最关键的主导者。但是解释工作与含蓄的指导在抗拒力增强的时候就远不能胜任了，在那个时候精神分析师就不得不展开确切指导。在这些阶段，他最先需要做的就是对抗力自身有所了解，其次是协助患者对它进行了解。精神分析师除了要协助患者意识到自己正在展开防御抗争之外，还要挖掘出什么是患者正在阻碍的，无论患者是否愿意提供帮助。他的工作方式就是让以往的各个阶段在脑海中回放，同时，尽力将患者在尚未发展抗力的那段时间或许受到打击的事情挖掘出来。

对于这些事情，有时候做起来非常简单，而有时候又非常困难。在最初发展抗力的时候，人们或许并未给予关注。患者的弱点或许也没有引起精神分析师的注意。不过，假如精神分析师可以在抗力出现的时候有所察觉，并顺利让患者意识到抗力正在发挥影响力，那么在一般情况下，就可以凭借共同探索而察觉出抗力产生的根本原因。这一察觉的直接收获就是消除掉深入分析工作的阻碍，而且因为认识到了抗力产生的根本原因，也让精神分析师获得了具有极高价值的资料，这资料是与患者打算继续隐瞒的一些因素相关的。

在一个具有深刻意义的自我反省被患者获得时——比如，他已经顺利将一个神经症的倾向挖掘出来了，而且了解到一个处于最初阶段的驱动力包含在这一倾向中的时候，或许就急需精神分析师的主动指导。这或许是一个有所收获的机会，很多过去的发现或许会在这个机会中不再毫无条理，更深入的结果或许会显得更加明朗。假如并非如此，那一再发生的状况便是，因为在第三章中阐述的因素，患者的抗力恰好是在这一方面上得到了发展，而且竭力想要降低遭受非难的程度。他或许会以种种方式那样去做。对于手头现有的一些解释，他或许会机械性地探索和表述，或许会使用稍微高明些的方法对这一发现的价值进行鄙视。他或许会给出善良的主意，决定凭借一个纯粹的愿望将这一倾向掌控起来，一个停止铺垫前往痛楚的道路的过程。最终，或许在很早的时候，一个疑惑就会被他指出来，即为何这一倾向可以上升到这种操控他的程度，对他的幼年时期进行分析，最多就是让相关的信息变得明朗起来，对它的根源进行认识才是最终目的。因为事实上，他正在凭借对以往事情的分析来回避理解当下，对显现出来的倾向代表了他真正的生活这一点进行否定。

用不了多久，这些试图对一种关键性的自我反省进行回避的努力就能够被理解。不过，对于一个人来讲，想要正视这种真实情况并不是一件容易的事，这一真实情况就是，他已经使用了自己所有的精力去忙于追逐幻象。更加关键的是，因为这种自我反省，他面对着需要让本质发生改变的局面。对于把他的整个均衡搅和得如此混乱的必要性，他应当紧闭双眼不去观看，这才是正常的。不过，他其实依旧凭借这个急剧后退去阻挠自我反省“深植内心”，进而让他错过其中可能对他存在价值的有利之处。在这个时候，精神分析师可以提供的帮助就是给予指导，把患者的后退计策揭示给患者，同时，激励他尽力把这种倾向在他生活中发挥的一切作用都详尽地表述出来。正如上面所指出的，对于一种倾向，要想攻克它，就必须要有勇气正视它的广度、强度以及含意。

在一种适当的认识被患者无意识地回避，也就是了解到他正在与抗力抗争时，另外一个问题出现了，在这个问题上，或许精神分析师的正面指导是必不可少的。在这儿，或许患者维持现状的倾向会再一次阻碍精神分析的整体进程。也许，他的自由联想仅仅表现为毫无用处地徘徊在冲突的一方和另外一方之间。对于他拒绝了所有的援助这件事，他或许表现出了自豪感。只要精神分析师对其中一点进行点评，他就会跳跃到另外一点。由于在探寻的时候，患者或许会在各个地方将有用的信息显示出来，所以这个无意识的计策或许并不容易被察觉。不过，对这种回避计策继续探索，并且引导患者的能动性，让他对此时的冲突有一个令人满意的认识，这仍旧是精神分析师需要做的工作。

当与抗力进行抗争的时候，精神分析师有时需要在精神分析的最后阶段对患者给予指导。因为对抗力的了解，或许会使他遭受打击，也就是了解到无论做了多少工作以及获得了多少自我反省，依旧无法从自己身上看到丝毫改变。假如精神分析师面临这种情况，他就不得不放弃他所扮演的解释者的角色，要公然面对患者在自我反省和改变之间的冲突，竭尽所能把患者或许拥有的、阻挠他直接与自我反省接触的潜意识障碍指出来。

截至现在，精神分析师的工作都具有理性特点：他利用自身的知识帮助患者。不过，他的帮助已经延伸到了超出自己特定能力可及的区域，尽管他并不清楚，相比他的专业技能，他所给予的要更多。

第一，因为精神分析师的参与，让患者获得一个特有的了解自己是用怎样的态度对待别人的机会。在别的关系中，最先让患者关注的或许是他对别人特性的看法，他们的不公平、自私自利、寻衅、卑鄙、不可靠以及敌视。对于自己的这些反应，就算他是非常清楚的，也依然会觉得这是其他人惹怒他之后才产生的反应。但是，在精神分析过程中似乎并没有这种独特的自我纠缠，这不但是因为精神分析师已经分析了自己，而且继续分析着自己，还由于精神分析师与患者并没有在生活上纠缠在一起。这个超脱将患者的特性从通常会处于困惑状态的境况中分离了出来。

第二，因为精神分析师所提供的类似朋友的关爱，让患者得到许多援助，有机会做普通人。这在相当程度上和理性的援助紧密相关。对于患者，精神分析师需要给予体谅，这个事实是这么的浅显易懂，里面还含有他应该认真对待患者的意思。从本质方面来讲，这是非常关键的情感上的支持。特别是在患者深受已经发觉的恐惧与疑虑煎熬时，在揭示患者的缺点时，在患者的自尊心受创时，在患者的遐想遭受打击时，更是这样。原因是患者常常将自己的感情摆脱掉，无法认真地对待自己。这或许是一种让人难以想象的表述，因为大部分神经症患者都感觉自己是非常重要的，或有关他们特有的潜能，或有关他们特有的需求。然而，感觉自己非常重要却完全不同于认真对待自己。前者的态度将一个自我夸张的形象引导了出来，后者则代表真实的自己以及自身的发展。一个神经症患者常常把“公正无私”这个词挂在嘴边，或使用一个觉得太过关注自己是可笑的或者放纵的论点，对他的严肃需求进行修饰。在自我精神分析过程中，最大的阻碍之一就是患者在本质上不关注自己。与之截然相反，专业精神分析所占的最大优势就是它代表着与某个人合作这一事实，这个人与患者友好相处，凭借他的态度将患者的胆量激发出来。

当显现出来的焦虑操纵患者时，人类的这种帮助就拥有了独特的意义。精神分析师在这种情况下极少直接将患者的焦虑消除掉。焦虑是不会被保留到最后的，不过在解决的时候会将它当作具体问题进行解释，到时候无论解释的结果怎样，这种解释本身都将降低患者的未知恐惧。相同的道理，在患者情绪消沉并且倾向于不想要继续下去时，除了进行解释，精神分析师还要为患者做更多：对于这一态度，精神分析师的真实意图是将其当作冲突的后果进行认识。对于患者来讲，这个意图相当于一个更大的帮助，其效果要高于任何拍肩膀或者努力讲很多激励的话。

同样存在这种情形，患者一直以来用来建立自己自尊心的那个幻象出现了基础的动荡，他开始对自己产生怀疑。这有利于消除有关他自己的不利遐想。不过，我们一定要牢记，在一切神经症倾向中，患者强大的自信心都极大地受到了损害。因此，它被占有优势的幻象取代了。不过，在自身努力期间，患者根本无法区分开这两者。在他看来，让他浮夸的思维形式受到打击就代表着将他的自信心摧毁掉。他意识到他并没有自己想象中那般神圣、忠诚、强大以及独立自主，他无法忍受没有荣耀的自己。对于这个问题，就算他本人已经失望了，他也急需一个仍旧对他抱有信心的人。

简单来讲，患者从精神分析师那里所获得的人道支持，与一个朋友从另外一个朋友那里获得的支持几乎是没有差别的：感情方面的帮助、鼓舞，并且关注他是不是开心。这或许形成了患者第一个可能受人体谅的经历，首次得到另外一个人的关心，觉得他不算是一个实际上抱有怨恨的、容易猜忌的、放荡不羁的、有着极高要求的或者喜欢说谎的人。并且，对于他具有这种倾向，尽管这个人非常清楚，却依然喜欢他，尊敬他，认为他是勤奋努力的人。

假如精神分析师可以证明自己作为朋友是非常靠谱的，那这段让人愉悦的经历或许会让患者重新学会相信别人。

我们既然对自我分析是不是可行的这一点感兴趣，那对精神分析师所需要做的这些工作进行回想，考察对于独自分析的患者而言，它们能在怎样的范畴内被接纳，这种做法应当是合适的。

可以肯定，相比我们对自身的观察，一个专业的旁观者会具有更加精确的观察，尤其是在牵涉我们自身时，我们一定不会多么公正无私。不过，和这种情况截然相反，存在一个早就探讨过的事实，那就是，相比任意一个旁观者，我们对自己更加了解。精神分析治疗的经历证明，对于自身的问题，假如一个患者一直试图对自己的问题进行认识，那么毫无疑问，他们就会拥有敏锐的自我观察能力，并且这种能力非常惊人。

认识与说明在自我精神分析过程中是一个独立的过程。依照经验，相比一个单独开展分析工作的人，精神分析师可以更迅速地抓住观察中可能具有的含义与重要性，如同一个出色的技术人员可以更迅速地将汽车故障找出来那般。在一般情况下，他也会具有更加完整的认识，因为他的认识可以掌握更多的含义。对于已经抓住的要素彼此之间的关系，也可以更加真实地进行认识。患者的心理学知识将在这儿具有价值，尽管在心理学方面长期工作所积累的经验是这些知识取代不了的。对患者来讲，不管怎么样，他都完全可以理解自己观察的含义，如同第八章中所讲的例子想要阐述的那般。自然，他可能发展得并不快，而且缺乏精确性，不过，我们不应当忘记，就算是在专业的精神分析过程中，精神分析师所具有的认识能力也无法决定关键性的发展速度，对此具有决定性作用的是患者接受自我反省的能力。在这儿，最适合引用弗洛伊德对刚开始与患者合作的年轻精神分析师讲过的那句安慰话，他表示，在评价联想的时候，他们不应对自己的能力太过担心。精神分析过程中真正的困扰是对患者抗力的解决，而不是理性的认识。我坚信在自我精神分析中也是如此。

一个人可以克服自己的抗力吗？这个问题与自我精神分析是否可行紧密相关，所以，它才是需要回答的。但是，相比依靠自己的能力飞黄腾达——这自然会联想到——好像不存在任何保障，原因是，其实仍旧会有一部分自我继续保留下去。自然，这项工作的可行性完全由抗力的强度决定，如同完全由解决抗力的刺激力量决定那般。不过，关键的问题——我准备把答案放在下一章——是可以在哪种程度上得到解决，而并非是不是可以把所有抗力都解决掉。

仍有一个真实情况存在于专业的精神分析过程中，也就是精神分析师所要做的并不只是给出解释。在患者接受治疗的过程中，他作为一个人，与患者的人际关系是非常关键的要素。要把这种关系的两个方面提出来。第一，在这种关系中，患者和精神分析师一块儿对他的举止进行观察，把一个特有的分析患者在通常情况下用怎样的态度对待别人的机会提供给患者。在惯常的关系中，假如患者知道了怎样用心观察他自身，那患者自己就完全可以代替精神分析师，从前面所讲的那些行为中获得益处。在与精神分析师合作的过程中，患者所表现出来的期待、愿望、担忧、缺点以及压抑，和他在与朋友、爱人、孩子、老板、同事或者仆人的关系中所表现出来的这些情绪有着本质的区别。假如他认真、用心地进行了解，那么他将发现在全部这些关系中都包含了他的特性，他将有充足的机会认识到自己是一个完全真实的社会存在。

不过，至于这些原始材料是不是被他充分利用了，自然是另外一个问题了。可以肯定，当他试图点评他本人在他与别人相互关系中的情况时，一个非常艰难的工作摆在了他面前——相比在精神分析的情景中，这个工作显得更加艰难。在精神分析中，精神分析师自身的情况是微不足道的，所以，想要把他自身出现的困扰找出来并不是一件难事。在寻常关系中，其他人都拥有自己的特征，就算他客观、真诚地对自己的愿望进行观察，在面对分析过程中出现的困扰或者阻碍时，他或许也会倾向于让其他人负责，而且将自己看作不需要负任何责任的受害者，或充其量只是做出一种替它们的无理性争辩的反应。在后一种情形中，他未必如同迎合公然谴责那般不敏感。他或许会用表面上具有理性的态度坦诚他是容易发怒的、愤懑的、不忠诚的，甚而是卑劣的，但却偷偷将这种争辩的态度保留了下来，并对其他人的过分行径做出恰当回应。对于自己的弱点，他越是无法正视——其他人就会推断出越激烈的困扰因素——他失去因为了解自己而有所收获的危险性就越大。对于掩盖别人的缺点和诽谤自己这两个相互对立的方面，假如他都存在夸大其词的情况，那这两种危险就确实具有相同的特征。

还存在另外一个因素，使得相比在患者和其他人的关系中，患者在自己与精神分析师的关系中更加容易发觉自己的特征。他的苦恼的个性——他的怀疑、依赖、自负以及报复，他想要将最低程度的伤害消除跟减弱的倾向，或不管其中的任何一个——常常与他最重要的切身利益不统一，这不但由于他与别人的关系因它们而让人不满，并且他还因为它们对自己不满。但是，在他与别人的普通关系中，这一事实常常是模糊不清的。对于一些东西，他觉得自己期望凭借维持依赖、进行报复以及超越别人的方式得到，所以，有关什么是他此时正在做的，他极少想要去了解。在精神分析过程中，相同特点的体现形式就是如此直白地不遵循他自己的利益，从而导致在对患者有害的个性进行了解时，精神分析师几乎都是准确无误的，患者蒙骗医生的情况很少会出现。

不过，一个人要是希望不再受感情阻碍的制约，在可能的范畴内，并不容易全然被带到分析他对别人的态度中。就如第八章中谈及的自我精神分析例子中会见到的那般，有关她近乎病态的依赖性的复杂问题，克莱尔使用检查自己与爱人之间关系的方式进行了研究。她依旧顺利完成了，虽然上述两个障碍其实几乎是难以攻克的：与她相比，她爱人的人格起码有着相同程度的混乱；她从自己的神经症的期望以及担忧出发，必然存在一种与自身密切相关的利益，让她避免对自己的爱其实是一种依赖的需求这一事实进行了解。

精神分析师对患者直接的以及委婉的人情帮助是他与患者关系的另外一个方面。考虑到在一定的程度上，精神分析师所提供的别的帮助是能够被替代的，所以在自我精神分析过程中，单纯的人情帮助在这里必然会受到限制。假如一个人单独工作，不过却非常好运地拥有一个对他非常理解的朋友，在与这位朋友待在一块儿的时候，他可以把他所发掘的拿出来议论，抑或假如他可以常常与一位精神分析师就这些所发掘的进行审视，那他就会意识到自己在工作中并不是孤军奋战。不过，这种缓兵之计并不能完全把患者在与别人的密切协作中努力工作所产生的所有无形作用取代掉。这一帮助的缺失也是让自我精神分析这条路变得难走的因素之一。

第六章
偶尔的自我精神分析

偶尔对自己进行分析并不是一件难事，有的时候立刻就能发挥作用。原本，所有诚挚的人在对自己的感情或者做事方式背后的真正动机进行解释的时候，他们所做的事情就是这些。如果硬要进行区分，那就是前者对什么是精神分析一无所知。假如一个人很喜欢非常漂亮或者有钱的女孩，或许会拿这样的问题来问自己：在他的感情世界里，是不是有相当一部分位置被虚荣心或者金钱占去了。假如一个人对自己几乎没有错误的见解视而不见，并且在和妻子或者同事的争辩中妥协，或许会拿这个问题在心里问自己：他之所以会妥协，到底是由于他坚信这是一个几乎与利益无太大联系的问题，还是由于他对伴随而来的争执感到畏惧？在我看来，这种审视方式是人们常常使用的。这么做的人有很多，不过，他们却将精神分析全盘否定。

在偶尔自我精神分析的重要范畴中，复杂的神经症性格结构是不包含在里面的，它只适合显著的症状，即一些具体的与一般情况下的强烈的纷乱情绪，这种纷乱情绪具有让人烦闷的特点，要么就是将人的好奇心激发了出来，要么就是直接控制了他的关注力。所以，在这一章中提到的一些例子中牵涉一种机能性头痛，一种剧烈爆发的焦虑，一个律师对举止的担忧，一种胃部功能的严重紊乱。而一个恐怖的梦，一个约会的遗忘，或者由于遭遇出租车的小骗局而产生的过度愤怒，倒是可以把一种认识自己的愿望激发出来——抑或更加精准地讲，会将造成那个特殊结果的根源揭露出来。

后者的特点看起来或许有些吹毛求疵，不过，它其实是把偶尔努力处理问题跟对自己进行系统分析的关键性差别表现了出来。对那些从根本上引发情绪紊乱的原因进行了解并且将其消除，这就是偶尔自我精神分析需要做的。期望可以获得更好的锻炼，以便处理生活中的普通状况，在这里，这个更加重要的诱因或许会起到作用。不过，就算它能起到一些作用，也是在期望减轻一些怯弱、头疼或者不方便等范围之内。相比那种更加深刻、更加确切的无限发展自己能力的愿望，这是完全不一样的。

就像这些例子将会解释明白的那般，形成审视企图的情绪紊乱或许是激烈的，抑或是长久的。它们之所以会形成，或许是因为某种情景中的真实难处，抑或它们是一种慢性神经症的表现。一些因素决定了它们能否接纳一种捷径性的探索，抑或在处理时能否进行更深刻的分析工作，对于这些，将会在后文中展开讨论。

偶尔自我精神分析需要具备的前提条件要少于系统自我精神分析。书本知识并不是它所必需的，其来源可以是寻常经历，它需要的只是一些心理学知识。坚信一个人的人格的确会因为那些潜意识的强大力量而变得混乱，这是仅有的一个必需条件。不过反过来讲，对于那些针对情绪紊乱的简单解释，一定不要轻易感到满意。比如,一个人因为受到出租车司机的欺骗而损失了一些钱，导致心情极其烦躁，他不应该因宽慰自己所有人都会因为遭到欺骗而不满就停止自我分析。假如一个人身患严重的沮丧症，那么对于在世界局势的基础上为他的政府所做的解释，他必然是存有质疑的。一个人宣称他是因为太过忙碌，所以才总是忘记约会，这种辩解也是无法取信于人的。

要把那些显然不属于神经症症状的表现消除，是轻而易举的。比如头疼、胃功能紊乱，抑或对刺激毫无反应的疲惫，等等。实际上，人们可以对这类情绪紊乱的两种截然相反的态度进行观察，这两种态度的极端与片面是一样的。一个极端是死板地认为，是天气原因引发了头疼，是工作繁忙导致了疲惫，是过期食物抑或胃溃疡引起了胃功能紊乱，丝毫没有想到或许是与相关的精神因素有关。大概是由于完全的愚昧，所以才会有这样的态度。不过，在无法忍受所有精神不平衡或者自身缺点的人们看来，这也属于一种神经症倾向。有些人则走向另外一个极端，他们坚信所有情绪紊乱的根源都是精神因素。在他们看来，疲惫绝不是工作过度导致的，也绝不是因为身患严重传染病才引发了感冒。假如他自身感到情绪紊乱，那么原因必然出在他身上。假如是因为精神因素才导致了一种症状，那就需要凭借他自身的能力将这种症状消除。

可以肯定，这是两种强迫性的态度，介于两者之间的态度才是最积极的。对于世界局势，我们或许的确感觉非常担忧，但我们不该因为这种担忧而感到失落，而是应该采取行动。我们感觉疲倦，或许是因为过度工作以及睡眠不足。我们感觉头疼，或许是因为视力太差或脑肿瘤。自然，在对医疗解释进行清楚的分析之前，精神因素并不会被认为是导致身体症状的唯一原因。在重点关注好像有道理的解释时，我们应该对他的感情生活一并进行分析，这才是最关键的问题。就算是因为流行性感冒导致的障碍，这依旧是一种有益的行为。在适宜的药物治疗展开以后，应该看看某些潜意识的精神因素是不是存在，抵御传染病的能力会不会因为这些因素而减弱，进而对病愈造成影响。

假如这些寻常的考虑在我们脑海中出现过，我坚信以下例子就会把与偶尔自我精神分析相关的问题的大致模样勾勒出来。

企业家约翰性格非常好，从表面上看，他五年的婚姻生活非常幸福。但他身患弥漫性压抑症以及“自卑情结”，在这几年，他偶尔会感到头疼，经过检查却没有发现任何器质性病变。尽管并未接触过分析治疗，不过，他对精神分析的思维方式非常清楚。最后，他提供了一个非常复杂的神经症病例，让我进行分析。他之所以坚信精神分析治疗是有用的，其中一个原因就是他有自我分析的经验。

在对自己的头疼症状进行分析的时候，他是无意进行的，并没有刻意为之。他与自己的妻子，以及另外两个朋友，想要去观看音乐喜剧，然而他却在表演开始时犯起了头疼病。这是一种很怪异的打击，事实上，在前往剧场以前，他没有任何不适感。开始的时候，他烦躁地认为自己是因为表演太差劲才感到头疼，一晚上的时间都白费了。然而没过多长时间，他就意识到没有人会由于差劲的表演而头疼。因为他对这一问题进行了思考，其实那也并不算是非常差劲的表演。相比他比较喜爱的萧伯纳的戏剧，这场表演自然差劲很多，后来，他脑海中浮现了这几个词——“比较喜爱”。这个时候，他感到有一种愤怒感一闪而过，而且发觉了里面的关联。在就观看哪场戏进行商讨的时候，他并没有做出自己喜欢的选择。原本这并没有什么值得争论的：他认为他这个人应当是光明磊落的，但这与观看戏剧又存在什么联系呢？然而，他明显感觉这之间是存在联系的。他因为遭到强迫而感觉非常生气。在意识到这一点之后，他头疼的症状就消失了。他还意识到这并不是第一次出现头疼的症状。比如有时候，他在不想要打桥牌的情况下被强迫去打桥牌，这时候也会出现头疼的情况。

他在发觉受到限制的愤怒与头疼两者之间的关联后感觉非常震惊，不过他并未持续深入思考。但是，几天之后的某一天，他很早就醒了，严重的头疼症状又复发了。他在头天晚上参加了一个团体职工会议，他们还在开完会之后喝了酒。在开始的时候，他告诉自己，是因为喝酒喝多了，所以他才会头疼。这么想着，他翻身打算再次进入睡梦中，然而他却无法成功入睡。一只苍蝇一直在他脸旁嗡嗡地叫着，让他愤怒，开始这还只是一种不起眼的愤怒，然而很快就演变成非常剧烈的愤怒。后来，一个梦浮现在他的脑海中，或称之为一个梦的片段：有两只臭虫被他用吸墨纸碾扁了。吸墨纸上面洞很多。实际上，他记得在吸墨纸上面布满了洞，那些洞组成的图案看上去很有规律。

这让他记起了那张薄纸，他将薄纸上面的那些图案剪掉，然后将其折叠成一个纸人。他想起了一件小事，就是他让妈妈看这个纸人，希望可以获得表扬，不过她只是非常敷衍地瞥了一眼。然后，他还因为吸墨纸联想到了那场职工会议。由于他感觉厌烦，所以在会议进行过程中，他胡乱在纸张上涂写。不过，他不只是胡乱涂写，还把主席和他的竞争对手画成了漫画。由于他并未刻意将那个人当作竞争对手，所以“竞争对手”这一词让他惊讶极了。最终，竞选只能用表决的方式做决定，这个表决让他隐约感到担忧。不过，他无法给出确切的不赞同原因。事实上，他所给出的反对观点本就没有切中要害。它不但浅薄，并且没有给人留下任何印象。然而，他如今意识到自己遭到了他们的过分对待，因为对于他本人来讲，对这种处理的认可就意味着他要接受众多枯燥乏味的工作。他们始终是如此的聪慧，从而导致这一点并未引起他的注意。思及此处，他忽然放声大笑，因为他已经把臭虫所蕴含的意义找出来了。主席跟竞争对手，他们均是像臭虫那般惹人厌恶的吸血鬼。但是，他已实施了报复——起码在自己梦境里是这样的。于是他的头又不疼了。

在之后的三种环境中，一旦头再次开始疼，他就着手挖掘其中深藏的愤怒，只要将这个愤怒找出来，他头痛的毛病就好了。自此之后，头痛便彻底消失了。

回首去看这一经历，相比所收获的，轻松的工作决定了一个人最开始的震动。不过，在精神分析中产生的奇迹和在其他任何地方一样难得。症状在整个神经症结构中的效用决定了能不能轻松将它消除。头痛在这一事例中并未发挥太大的效用，例如，阻碍约翰去做那些让他畏惧或者厌恶的事情，或者当作对冒犯过自己抑或曾让自己受伤的人的一种示威方法，又或者是当作获得特别关照的筹码。假如这类关键作用被头痛或者别的所有症状承担了，那就要长时间进行深刻的分析工作才能使其康复。如此一来，人们就要对与症状相符的一切需求进行研究，并且，这些症状要在分析工作结束之后才会消失。在约翰的事例中，只是因为受到压抑的愤怒加强了精神紧张才让他感到头痛，在这里，头痛这一症状并没有发挥任何作用。

还有另外一个原因也让约翰的成功程度有所减弱。自然，将头痛的毛病解决掉这也算是有所收获，不过我认为，对于这种显著的、能够感知的症状的价值，我们好像过于高估了，从而导致我们过低估计了那些无法感知的精神纷乱的重要程度。比如，在约翰这一事例中，他背离了本人的愿望与观点，还摆脱了他对自主的压抑情绪。最后证实，在他的生活与发展过程中，这些纷扰情绪都发挥着非常关键的作用，至于他的分析工作，却没有因为这些纷扰产生丝毫变化。所得到的后果就是，他对自己逐渐加强的愤怒和症状的消失有所认识。

事实上，约翰从自己分析的任意事件中所得到的自我反省都应该高于他实际从这些事件中所得到的。例如，在他分析自己观赏音乐戏剧过程中所产生的愤怒时，就有很多他难以了解的问题包含在里面。他与妻子之间最根本的关系是怎样的？只是因为他单方面的妥协，才让他拥有了引以为傲的鹣鲽情深吗？另外，他干吗要对愤怒进行压抑？之所以会有这种做法，是因为对爱的强迫需求吗？他会因为妻子可能的责备而担忧吗？对于他本人那种永远不会因为鸡毛蒜皮的事情而烦闷的谦谦君子形象，他一定要保持吗？他不敢为自己的期望去战斗吗？然后，他的确是因为自己遭受到了别人的压抑才感到愤怒，还是说他因为自己太过不强势造成的屈服而感到愤怒？

或许在分析职工会议之后的愤怒的过程中，也把一些更加深入的问题揭示了出来。他为何在切身利益遭受损害时缺乏更大的警惕性？并且，他不敢为了自己的利益而战斗吗？抑或是这种愤怒已经上升到了这样的高度——将臭虫碾扁，乃至唯有将其彻底抑制住才更加安全？另外，别人因为他太过服从而利用他了吗？抑或是他曾经遭人利用，而事实上，这种经历仅仅是他对合作的一种正当期待？他想要别人对他有怎样的印象？——是不是期望获得妈妈称赞的记忆？他愤怒的根本原因是他给同事们留下了失败形象吗？他由于自卑而对自己感到愤怒的程度到底有多大？这都是一些尚未牵涉的问题。约翰把受到压抑的、对别人愤怒的作用挖掘了出来，却又将它抛掷一旁。

对于第二个例子，首先让我对自我精神分析的可能性的经历进行思考。作为一名医生，哈里受到恐慌的困扰，并且因此过来接受我的精神分析。他曾经为了安抚受惊的自己而使用吗啡跟可卡因。他偶尔还会犯喜欢炫耀自己的毛病。可以肯定，他神经症的程度非常严重。他在接受治疗的几个月后出去旅游，并在这段时间对焦虑的侵袭进行了分析。

这个例子与约翰那个例子有着相同的情况，自我精神分析的开始都不是刻意进行的。一个非常严重的焦虑的侵袭是起因，从表面上看，这一焦虑的起因是一个真实危机。哈里与自己的爱人一块儿去爬山，尽管这是非常辛苦的，不过只要视线清晰，他们就是安全的。但是，他们在暴风雪降临时被大雾包围了，因此陷入危险境地。哈里出现呼吸急促、心跳加快的情况，他开始感到慌张害怕，最终必须要躺下来歇息。对于这件事，他并未想太多，仅仅是笼统地把其归结为自己累了以及实际面临的危机。顺便讲讲，这一事例也证明了我们对“假如我们希望变成”的不正确解释是如何的满意，因为哈里有着强健的体格，他在陷入危险情况的时候肯定不是一个胆小鬼。

次日，他们在通往高山的悬崖峭壁的小路上行走着。爱人在前边走着。在注意到自己产生了想要将爱人推下悬崖的想法或冲动时，哈里再次感觉心跳加速。女朋友明明是自己深爱的人，所以这种想法让哈里感到非常震惊。最先浮现在他脑海中的是德莱赛的《美国的悲剧》，这本小说中的男主人公为了摆脱自己的女朋友，把她淹死了。然后，他联想到了昨天的侵袭，他似乎并未体验过那个时候所经受的相似的冲动。他在这一短暂想法刚刚产生的时候就强行停止了。但是，他并没有忘记在那个侵袭尚未出现的时候，已经对女朋友产生了一种气愤情绪，并且这种情绪还不停地增强，但在一阵骤然产生的剧烈气候的波动之后，他又把这种情绪全部都放置一旁了。

因此，焦虑侵袭的意思就是这样的：从一种冲突中形成了剧烈冲动，在这一冲突中，一方面是对意外的敌视，而另一方面则是对爱人的真爱。他觉得非常轻松，而且，因为自己对第一个侵袭进行了分析以及对第二个侵袭进行了制止而感到骄傲。

哈里比约翰更进了一步，因为他内心产生了惊慌感，这种惊慌的起因是他意识到他对深爱的爱人的敌视以及杀人的冲动。他在接着往前走的时候将这个问题提了出来，他想要将她杀死的原因是什么？他心中马上想起了他们前一天早上的那次交谈。爱人对他的一个同事大加赞赏，认为那位同事在人际交往上得心应手，并且在主持聚会的时候十分有魅力。恰恰是这些。不过，如此强烈的敌视绝不会是因为这些才产生。但是，在就这些问题进行思考的时候，他意识到一种愤怒感正从内心升起。他是因为嫉妒？不过，他绝不会因为这些而失去爱人啊。尽管与他自己相比，这位同事并不算高，也不是犹太人（在这两点上，他是过敏的），但他的确能言善辩。在他把自己的注意力都放到这些线索上时，他不再生爱人的气，而是全心全意地将自己跟那位同事进行比较。他在这个时候记起了一件事。大概是在自己四五岁的时候，他怎么也爬不上自己一直想爬的那棵树。他那毫不费力就爬上去的哥哥还开他的玩笑。他还记起了哥哥得到了妈妈的表扬，而自己确没有得到的情景。他万事总是落在哥哥的后面。昨天，他肯定是因为类似的事情而生气：有人当着他的面称赞其他人，这依然是他难以容忍的。他在进行这样的自我反省之后就放松了下来，可以毫不费力地登山了，而且重新感觉到了自己对爱人的爱意。

对比第一个例子，第二个例子在一方面取得了较大的成效，而在另外一方面则取得了较小的成效。虽然约翰的自我精神分析更加不深刻，不过，他的确采用了哈里并未采用的一个步骤。约翰并不满足于自己只可以解释一种特殊的情景。他对这种可能性有了认识，也就是一种受到抑制的愤怒才是一切让他头痛的根源。哈里仍处在分析一种情景的范畴内。对于自己的发觉是不是和别的焦虑的袭击相关，他并未产生怀疑。在另外一方面，哈里获得了比约翰更加深刻的自我反省。理解了杀人的冲动便是真正获得了一种情绪方面的经验。起码，他把自己为什么会产生敌视心理的微小线索挖掘出来了。对于自己正面临着冲突这一真实情况，他已经意识到了。

在第二个事例上，大家同样因为并未将问题提出来而震惊。对于称赞别人这件事，假如哈里觉得难以忍受，那为何会有如此强烈的反应？假如让他产生敌视心理的仅仅是那个称赞，他为何会有如此严重的危机感，导致引发暴虐行径？一种非常大、非常脆弱的虚荣心操纵了他吗？假如真的如此，他身上有怎样的缺点，从而导致需要如此多的措施进行掩藏？与他哥哥的竞争必然是一个意义重大的历史要素，不过，这种解释并不具备非常充分的理由。在矛盾的另外一方面，他丝毫没有接触到自己对爱人的深爱的本质。他是想要获得她的称赞才需要她的吗？在他的爱中，有多少依赖包含在里面？他还可能因为其他因素敌视她吗？

在第三个事例中所分析的是一种对舞台的畏惧。比尔是一名律师，他聪明强健，并且事业有成。他总是会做一个噩梦，他在梦里被人推下了桥，抑或推下了高塔。在剧场二楼第一排坐着的时候，他会因为往下看而产生眩晕感，同样的情况还发生在从高楼窗口往下看的时候。在必须要出庭或面临重大诉讼前，他偶尔会感觉惶恐不安。他是在贫穷的环境中成长起来的，害怕自己现有的出色成就会保不住。他常常会产生这种感觉，虽然他将其隐藏了起来，不过终有暴露的一天。对于这种恐惧的起因，他无法说清楚，原因是他坚信自己的聪明程度与同事们是不相上下的：他是一个出色的辩论家，在一般情况下，人们都会因为他的论证而对他深信不疑。

因为他把自己的情况非常坦白地讲了出来，所以，在几次见面谈话之后，我们就把这个冲突大致给挖出来了。对于这种冲突，一方面是野心、专横，一种想要超越别人的欲望；另外一方面是需要维持他不谋私利的正直幸福者的形象的需求。冲突的两方面都没有受到深刻抑制，他仅仅是没有把这些冲突的力量与本质挖掘出来。有一回，它们集中到了尖锐的焦点上，他意识到自己其实是有所伪装的。因此，他自动将这种无意识的蒙骗与头晕目眩相联系。他意识到自己希望在生活中拥有很高的地位，不过又害怕将自己真实的野心坦露出来。他害怕假如自己的这种野心暴露在别人面前，别人就会对他不忠心，并且将他推下去，所以，他必须要表现得并没有那么看重金钱与名誉，而且是一个非常好的人。事实上，他原本为人非常诚实，他已经对自己一些虚伪的面具有了模糊的认识，所以他又因为这些伪装而反过来担心自己被“揭穿”。他的晕眩感完全可以因为这种解释而消除，事实上，晕眩感是他的身体对这种畏惧的表现。

最后，他必须要从城市中离开。有关他对公众事业以及与某些当事人相见的恐慌问题，我们并未提及。我提议他对周边的情况进行观察，他“舞台恐惧”的增强与减弱分别是在怎样的情况下发生的。

这个报告在一段时间之后到了我的手中。最开始的时候，他认为自己的恐慌是在他提供的案情或者所采用的论据出现争论时产生的。不过，在这个方面他并未继续往下探索，尽管他明白自己的探索也存在对的地方。然后，他遭受了不利的打击，但是这一打击却对他进行自我分析产生了非常好的影响。有关一件很难办的诉讼案件，他并没有做非常充分的准备，不过在法庭上，对于能否把这些论据拿出来，他仅仅怀有一般程度的担忧，因为他清楚那是位不喜欢过分深究的审判官。不过，这位审判官生病了，并由另一位严厉而倔强的审判官替代，消息传到他那里之后，他竭力用暗示的方式宽慰自己，告诉自己第二个审判官并不是很差劲，也不是很狡诈。然而，他的焦虑依然在逐渐增加，丝毫没有获得消减。最后，我的提议浮现在他的脑海中。于是，他就尽力任由自己随意想象。

最开始出现的是有关他自己的形象，那是一个小孩子，并且全身上下都被巧克力蛋糕包裹着。这个形象最初让他很不理解，不过随后他就联想到自己过去在马上就要受到惩罚时非常幸运地逃掉了一事，他妈妈也因为他如此的“聪慧”而认为他的行为好笑。这个“幸运得胜”的主题得以保留。他还想起了另外几段记忆，例如在上学的时候，尽管他并没有把作业做好，却幸运地蒙混过关了。另外,还有一位让他强烈不满的老师浮现在他的脑海中，这位老师是教历史课的。他依然对这种厌恶有感觉。班里的所有同学都要写一篇作文，主题是法国大革命。这位老师在发考卷的时候批评他文章中缺乏实在的内容，而只是一味地追求用词华丽，老师以这些词汇中的其中一个为例，惹得全班哄堂大笑。他感觉非常丢人。他的文采一直受到英语老师的称赞，然而历史老师好像对他的风采不屑一顾。他由于“对他的风采不屑一顾”这句话而感到震惊，因为他的原意是“对他的文采不屑一顾”。他不由得感觉非常有意思，因为“风采”这个词语将他的真实意思充分表现了出来。的确，这位审判官对他的风采或者他演讲的能力毫无反应，跟那位历史老师相同。情况就是这样。他习惯了依赖自己的风采以及机智的口才而“幸运得逞”，从而完全不用把准备工作做得太过充分。然后，他只要一想到自己的这种办法或许无法发挥任何影响力就感觉恐惧。因为比尔的这种神经症倾向并没有特别严重地折磨他，所以这个自我反省可以让他获得真实的成效：坐在那里认真对待诉讼工作。

甚至可以说他进步了。对于他使用了怎样程度的自我风采面对自己与朋友、女人的关系，他有了概念。在他看来，自己的风采是可以迷住他们的，进而对他并没有把更多的东西投入到任何关系中这一实情视而不见。因为他意识到另外一个伪装已经被他发觉了，所以他就把自己的发现与我们的讨论相联系。最终，以他意识到自己为人一定要正直而结束。

很明显，在相当程度上，他是可以这么做的，因为自打发生了六年前的那件事之后，其实他已经不再感到恐惧了。这类似于约翰在将自己的头痛症状消除之后所得到的结果，不过它们所得到的评价必然是不一样的。如同上文中所讲的，头疼这种症状仅仅是表面的，能够通过两个事实进行证实：因为它们的出现是个意外，并且一点儿都不强烈，所以并未让他产生本质上的苦恼。同时，它们并未形成继发的影响。真正让约翰烦恼的有两个不一样的方面，就像在之后的精神分析中出现的。在另外一方面，比尔是因为一种强烈矛盾才产生了恐惧。他并未因为这些恐惧而受到阻碍，不过在生活中，他有生命的区域中的富有意义的活动遭到了它们的阻挠。在约翰的个性中，他头痛的消除并未让他产生丝毫改变，仅有的改变可能就是他会稍微感觉愤怒。比尔的恐惧的消除，不仅是因为他认识了它们的根源在于他的人格中的某些矛盾倾向，更重要的是因为他能改变这些倾向。

此外，如同在约翰的事例中那般，我们再次取得了比预期更好的结果。不过，再次缜密地查看，这并不是一种非常大的差别。的确，比尔以较少的工作不但消除了长时间对他的事业造成威胁的重大苦闷，并且还对与他自己相关的几个关键因素有了认识。他知道自己戴了多少虚假面具来展示自己，以欺骗自己和其他人；他知道了相比自己已经在心中承认的，他拥有更加大的野心；另外，他还知道了自己并非是凭借踏实的工作来努力实现自己的野心，而是凭借自己的智慧与风度实现的。不过，我们在对这种成功进行评价时应该记得，相比约翰和哈里，比尔的精神原本就是正常的，仅仅具有不严重的神经症倾向。他的野心与他对“幸运得逞”的需求既没有受到严重压抑，也没有很大的强迫性。他具有充满活力的个性，从而让他可以一认识到就马上在很大程度上减弱它们。

如果暂时放下让比尔的情况得到与科学相符的理解这一努力，我们可以把他视为一个竭力想要让自己过上十分舒适的生活的人，并且还能够视为一个意识到自己的方式无法发挥任何作用，他就可以做得更好的人。

一些显著的恐惧完全可以通过自我反省得以解决。不过，就算是在这个最有效的捷径上面，需要处理的问题依然有很多。那个被推下桥的噩梦到底蕴含着怎样的真实含义？比尔是否有必要独自一人处在有利位置？是因为所有竞争都是他难以容忍的，所以他才试图推下别人吗？他担心别人会采用相同的手段来对付他吗？对于他的恐高症，只是因为他害怕自己已经拥有的成就消失，还是同时也害怕自己摔下虚幻的有利位置——如同一直缠绕着他的此类恐慌中？他为什么不将自己的所有工作放到符合自己的才能与远大志向的方向上？他之所以会不用心工作，只是因为他的野心受到了抑制，还是他觉得假如自己认真工作——这么干的必然是那些寻常人——他所具有的优势就会受到损害？他为何从不在自己与别人的关系上面付出得多一些？他对自己太过重视——也许对别人太过轻视——以至于很多骤然产生的感情让他难以承受？

从治疗的角度来讲，对于这一切附加问题是不是具备探究的必要性，则是另一码事。对于比尔这一例子，相比消除显著的恐惧，更加具有深刻意义的则是所进行的为数不多的精神分析，它也许会形成一种良性循环。由于对他的野心已经有所了解，并且展开了大量分析工作，他就会切实地在更加实际和坚实的基础上放置自己的野心。所以，他就会感觉更加胸有成竹，更加坚强，同时还减少了一些伪装。因为他不再伪装自己，他就会感觉更加自由，并且减轻了担心伪装暴露的恐惧。他与别人的关系或许会因为这一切的因素而获得极好的帮助，此外，他还会因为这种改善而变得更有安全感。假如精神分析已经把一切尚未触及的问题都挖掘出来了，那就几乎可以确定已经产生了这样的结果。

与真实的神经症距离最远的就是最后一个例子。它牵涉一个针对纷扰情绪的精神分析，这种纷扰情绪的重要起因是一个真实情景里的真实障碍。汤姆是一名医生助理，他的领导是著名的临诊医生。他非常热爱自己的工作，而且他的领导也非常喜欢他。在他们两个人之间存在真挚的友情，吃午饭的时候也常常在一块。在某次两人共进午饭之后，汤姆感觉胃部有些不舒服，他认为可能是食物导致的，所以就没有太在意。然而在第二天，他在与这位领导一起吃过午饭之后感觉头晕、恶心，其严重程度更甚于第一次。他去检查了自己的胃部，发现一点儿异常也没有。然后，这种烦扰情绪还出现了第三次，他在这个时候可以非常敏锐地嗅到食物的味道，并且感觉非常难受。恰恰是在第三次与领导一块吃午饭之后，他意识到这一切不舒服的感觉都是在他与领导一块吃午饭时出现。

事实上，最近这段时间，他一直不喜欢跟这位领导待在一块，偶尔还会觉得无话可说。他清楚为什么会这样。他和这位领导的信条已经因为他的研究工作而发生分歧。对于自己的发现，在近来的几周里他开始更加确定。他始终都有和这位领导交谈一番的想法，然而不知道为什么，他一直没有进行交谈的时间跟精力。

他意识到自己已经耽误了时间。不过，在与学术相关的问题上，这位老人是非常固执的，对不同的观点非常排斥。汤姆无视自己的利益，安慰自己所有的问题都会因为一场顺利的交谈而得到解决。他推测，假如是因为必须要承受畏惧才让胃部出现不舒服的症状，那相比他本人所承认的，他肯定有着更加严重的恐惧。

在他看来，的确是这种情形，并且光证据就存在两个。一个证据是自打这些念头在他心中产生之后，他就忽然感觉不适，这与他吃过午饭之后的感觉似乎毫无二致。另外一个证据，他意识到在此时自己忽然出现了反应。在他首次感到不舒服的那个午饭时间，这位领导不顾自己名誉贬损在汤姆之前的那任助手，说那位助手恩将仇报。他对这些年轻同事感到气愤不平，并且将这种气愤表达了出来。他教会了他们许多东西，然而，他们之后却弃他而去，甚至不厌其烦地在学术问题上依然与他联络。汤姆处在那样的场景中，能够感觉到的就是这位领导非常可怜。他把自己对这位领导的观点压制了下来，也就是，事实上，上一任助手独自一人成就了自己的事业才是这位领导难以忍受的事情。

如此一来，汤姆发现自己已经对现有的危机采取了逃避策略，而且还对自己恐慌的程度也有所了解。他的行为对于他与这位领导的友好关系产生了一个真实的威胁，所以，这对他的前程同样是一种威胁。或许他的确会遭遇这位老人的不赞同。对于这一念头，他内心产生了一种恐惧感，不确定假如他再次检验自己的发现——抑或直接将它们抛之脑后，对他来说是否更好。这种念头几乎是一闪而过，不过他却在一瞬间意识到这是他的学术的忠诚与他的前程的直接威胁之间的一个冲突。因为他的担忧受到了抑制，他为了逃避不得不做出决定，采取了一种逃避措施。他因为进行自我反省而感觉肆意、轻松。对于这个决定，他清楚是非常不容易的，不过毫无疑问，这种做法有利于他坚定自己的立场。

对于这个故事，它并非是当作自我分析的例子，而是当作不忠诚于自己这件事，有时候会具有多大的诱惑力的例子讲给我听的。我的朋友汤姆是一个非常难得的理智的年轻人。就算他或许有某种尚未被发现的神经症倾向，类似需要对任何恐惧进行否定等，他并未因为这些倾向而变成一个神经病患者。对于这种观点，也就是他在下意识地避免让自己做出决定这一实情，其实是一种深藏的神经紊乱的行为，有的人或许会不赞同。不过，健康和神经症之间的分界线必然是模糊不清的，所以，将它视为一个值得强调的问题，并且把汤姆视为一个正常人，这样好像更加合适。这样的话，就可以说这一事件属于一种情境神经症，即属于一种由特殊情境中的障碍引起的神经紊乱。只要没有自发地认识和消除这种冲突，这种神经紊乱就会一直保持下去。

对于这些例子中所得到的结果，虽然已经受批评，但在把它们放在一起进行思考时，这些结果或许会引发有关偶尔自我精神分析的过分乐观的印象，一种或许会轻易让大家在自我反省上出现失误而偶尔得到一些珍贵东西的印象。为了把一个更加合适的图像表达出来，应该用二十多个导致病程中断的努力的检查来弥补这四个或多或少有些成功的尝试，以便更加快速地把一些精神困扰的含义加以掌握。把这种谨慎的弥补表现出来似乎是很有必要的，因为一个人假如觉得自己无依无靠地深陷神经症困扰中，那么他就会出现妄图创造奇迹的倾向。我们应该明白地认识到，偶尔自我精神分析绝不会治好一种非常严重的神经症或里面任何根本的部分。因为神经症患者的人格并非一种散乱因素的零碎堆积——使用形态心理学家的术语进行表达——而具有一种整体结构，在这种结构里，任何一部分都和别的部分密切相关，并且相互之间有着一种复杂的关系。经过偶尔的自我分析，将分布在各个地方的被分开的联系掌握起来，对那些直接陷入纷乱的因素进行认识，而且消除外围症状，这并不是做不到的。不过，假如想要形成根本上的改变，就不得不分析整体结构，即需要更具体的精神分析。

所以，由于偶然自我精神分析的本质所限，它并没有为整体的自我认识提供多少帮助，正如之前的三个事例所表现出来的，原因是没有持续进行自我反省。事实上，所有被弄清楚的问题都自发引导出一个全新的问题。有关这些提供给他们自身的线索，假如他们并未得到，那自我反省肯定依然是孤立的。

作为一种治疗方式，偶然自我精神分析对情境神经症完全适用。它在并不严重的神经症中也可以产生让人满意的效果。不过，在更加复杂的神经症中，这种分析就有点像冒险行为了。它最多可以消除这里或者那里的一个神经紧张，抑或漫无目的地对一个或者另一个精神紊乱的意义进行说明。

第七章
系统自我精神分析：准备步骤

从表面上看，与偶然自我精神分析相比，系统自我精神分析的不同之处就在于它的分析次数更频繁——对于特别障碍中的起始点，它也是具备的。人们试图消除这个障碍，不过，不同于偶然自我精神分析，它一直反复不停地展开这一步骤，对单独的回答并不感到满意。尽管在形式主义的方式中,这种陈述是没有错误的，然而不管怎样，根本上的差别依然没有被找出来。大家或许会经常进行自我分析，假如并未满足相当的要求，依然会停留在偶然自我精神分析的程度。

在系统自我精神分析中，次数频繁属于一种显著因素，然而也只是一种因素。更加关键的是持续性，一直将问题深究到底。在上一章里面，已经着重介绍了偶然自我精神分析的那些事例在这方面的缺陷。但是，相比单纯的谨慎所获得的及提供给他们自己的详细指导工作，有着更多的需求。在单纯的表面性以及粗心大意中，它一无所获，然而，对于在前面的那些例子中所罗列的那些人，让他们感到满意的就是得到这种结果。假如想要在轻易进行自我反省之外展开精神分析，就代表着要承受抗力，代表着让种种惹人厌恶的含糊与苦楚降临到自己身上，还代表着要开始与这些负面力量抗争。这里所需要的态度是不同于偶然精神分析工作中所采用的态度的。在那儿，一些显著的纷扰情绪与把它们消除的愿望就是动机。在这儿，尽管精神分析工作是在相似的压力下开始的，不过本质上的驱动力是人们想要认识自己的坚持不懈的愿望，一种成长和与所有阻挡成长的事物触及的愿望。这种方式采取的是对自己的残忍的坦诚，他要想顺利地认识自己，就不得不让这种方式达到占据有利形势的水平。

自然，想要坦诚不同于有能力进行坦诚。不管经过多少次，这种理想目标都是他难以实现的。假如他始终没有欺骗自己，那就完全不需要进行精神分析。不管怎么说，这一实情多少能够宽慰我们上面所讲的结论。并且，假如他凭借百折不挠的意志力坚持精神分析，就会越来越有能力进行坦诚。所有被克服的障碍都代表着增强了自身理解的范围，并且，对于接下来的问题，或许能够使用更强大的内在力量去解决。

假如一个人正在进行自我分析，那他偶尔会感觉束手无策，以至于不知道怎样展开精神分析。虽然他诚心诚意地进行分析工作，但可能依然有一种做作的感觉。比如，他或许下定了决心，打算从此刻开始对自己的全部梦境进行分析。然而，让人感觉非常惋惜，假如不具备梦境整体领域的足够的知识，那它就是一条轻易就会让人迷路的道路。无论什么人想要检验一下自己的解梦能力，假如他对此时在自身中发挥影响力的因素一无所知，那么他就是在拿自己的运气赌博，在玩不计较成功与否的游戏。在那个时候，解释也就转变为理智的推断，即便从表面上来看，这个梦本身是浅显易懂的。

就算一个梦一点儿都不复杂，对它的解释也可以有很多种。比如，假如一位丈夫在梦中发现他的妻子离开了人世，这个梦所传达的或许就是一种无意识的强烈敌视。另外一种解释是，或许代表着他想要与她断绝关系，假如他感觉自己无法让这种愿望成真，那仅有的解决方式就是让他的妻子离开人世。在这种情形下，敌视就不再是这个梦所表达的关键。最后，它或许是一个想要去死的愿望，其引导因素仅仅是一种受到抑制的短暂的愤怒，这种愤怒可以在梦中得到解释。在这三种解释中，揭露了不一样的问题。在第一种解释中，也许敌视以及敌视的抑制因素就是问题所在。在第二个解释中，也许做梦人并未寻找到一个更加合适的处理方式的原因就是问题所在。在第三个解释中，也许现实的触怒的环境就是问题所在。

另外一个事例是克莱尔在某段时间所做的一个梦。她在这段时间竭力想要解决自己依赖男友彼得的情况。在梦中，她被另外一个男人搂着，而且还得到了他的告白。她是喜欢他的，她感觉非常开心。房间中的彼得正在向窗外凝望。这个梦或许代表着克莱尔开始从彼得转向另外一个男人，如此一来，它就体现了一种相互冲突的感情。它也或许是将一种期望表达了出来，就是期望彼得能够表露自己的感情，如同梦中的那个男人般。此外，它还有可能表达了一种信念：坚信对另外一个喜欢她的人移情别恋之后，她病态的依赖情况就可以得以解决。这是一种在这种情况下试图逃避关于这一问题的真实处理方式。又或者，她只是将一种愿望表达了出来，希望对自己是否还要维持同彼得的关系进行选择——事实上，因为彼得是她的依靠，她根本没有办法进行这种选择。

如果理解已经取得了一些进展，那么梦可能为一种假说提供进一步的确证。它或许对一个人某个领域的知识缺失进行了补充，抑或将一个全新的难以想象的线索揭示了出来。不过，假如这个图像被抗力所迷惑，那问题就绝不会因为梦境而变得清楚。就算问题会因为它而变得清楚，也或许会十分复杂地和没有得到了解的态度纠缠在一块，从而导致难以说明，让混乱更加严重。

任何想要对他的梦进行分析的人都不会听从这些告诫。比如，约翰有关臭虫的梦，在相当的程度上，还是有助于他认识自己的感情的。一味片面地将注意力聚集在梦上，反而会让其他具备相同作用的观察被排除在外，这种极易出现的失误应当尽力避免。此外，对负面特性的告诫具有相同的重要性。我们时常有一种强迫的兴趣，也就是因为梦太过荒唐可笑或者夸张，从而对待梦的态度非常敷衍，这种对梦的影响力的抹杀反倒会使其发挥作用。所以在下一章，我们将呈现第一个梦，也就是有关克莱尔的自我精神分析。事实上，对于她与爱人之间关系的重大纷乱，在那个梦里已经表现得非常明白，但是她依然想要对它置之不理。她之所以会有这样的行为，是为了防止梦的含意让自己变得不坚定。这是非常正常的情况。

梦是非常关键的信息来源，然而几个梦中仅仅有一个梦是有用的。因为我不愿意再次对这些梦进行说明，例子中的梦除外，我将会在这里来一个小小的迂回，把两个记在心里比较能够发挥作用的原则提出来。首先，梦并未刻画出一个真切的、稳固不变的感觉或者确定的形象，而是重点体现了一些倾向。的确是这样，相比我们清醒的时候，我们在梦中看到的生活反而更加清晰。在清醒的时候，我们的真实感受就是喜欢、怨恨、猜忌或悲哀，而在不受任何束缚的梦境中，或许就可以感觉到其他受到抑制的方面。不过，正如弗洛伊德所阐明的那般，梦是被妄想操纵着的，这就是它最关键的特点。这并不代表它们表明一个意识的愿望，抑或它们直接代表着我们觉得有需求的东西。对于这种妄想，它或许并不存在于显而易见的内容里，而是存在于企图中。换言之，梦将我们的努力与需求都表现出来了，同时还常常描述在这个时候困扰我们的冲突上的意图。它们并非一个关于真实情况的叙述，而是感情因素的一场戏。假如两个强大的冲突方面非常不一致，所做的梦就会是焦虑的。

所以，假如我们在梦中见到了一个人，在我们的意识中，他被我们当成一个让人厌恶或者可笑的人，并因此喜爱或者尊敬着，那我们就应当找出强迫我们对那个人进行贬损的需求，而并非得出这种结论，也就是我们从梦中看到自己对那个人深藏的观点。假如在一位患者的梦中，这位患者看见自己变成了一栋马上就要坍塌的、难以再修理的房子，那么我们应该坚信，这或许表达了他的失望，不过重点还是他用这种方法将自己呈现出来的意义是什么。这是否代表了失败主义者想要少一些磨难的态度？这是因为他本人所受到的损害而显现出来的报复性的责难，以此来彰显他的感情，因为原本有一些事情是应当尽早为他做的，然而如今已经太迟了？

要在这儿提及的第二个原则就是，假如我们想要了解一个梦，就必须要将它与实际的对梦的刺激联系在一起。比如，仅仅对一个梦中毁坏声誉的倾向或者普通的报复冲动进行认识是不够的。不得不一直将问题提出来，直到将这个梦的刺激要素找出来。对于这一刺激,其反应恰恰就是这个梦。假如这种关系被我们发觉了，那么我们就可以对许多东西有所了解，乃至关于确切的经历类型。对于我们来讲，这种经历代表着胁迫或者羞辱，而且可以得到许多潜意识反应，这些潜意识反应都是由梦引发的。

相比片面地将注意力集中在梦境上，另外一种进行自我精神分析的方式要真实多了，不过似乎这又有些太自以为是了。在一般情况下，当一个人拥有了这种意识才会断然正视他自己的刺激，也就是意识到某种明显的纷扰情绪正在妨害他的幸福或者能力，这类纷乱情绪或许是再次发作的灰心失望、长时间的劳累、慢性机能性便秘、寻常的怯弱、难以入眠，以及因为全神贯注地工作而受到的永久压抑等。对于这类纷扰,他很可能想要正面实施抗争，忽然着手攻击一些事情。换言之，或许他对人格结构并不是非常清楚，然而却竭力想要把与他的境况相关的潜意识中的决定因素紧紧抓住，结果至多只有一些显而易见的东西会浮现在他的脑海中。比如，假如他是因为对工作的压抑才出现了特别的纷扰情绪，那他或许就会对自己进行质问：我是不是有着过分强大的野心？对于自己正在从事的工作，我是不是的确非常感兴趣？我是不是压抑了自己对这一工作的厌烦，从而将它当作一种应尽的责任来做？没过多久，他就感到有些犹豫，而且声称精神分析是毫无用处的。然而在这儿，是他犯了错，他不能够把全部问题都归结到精神分析上面。忽然袭击在心理问题方面并不是一种好办法，对于一切目标来讲，没有任何准备的忽然袭击都是不利的。这可能是对之前遭受袭击的范围的所有侦察情况的忽视。对于这一方面，是因为人们在心理问题上的无知仍是这么广大，这么普遍，以致所有人可能都想去走这条行不通的捷径。在这里存在这样一种人，他具有很多非常复杂的相反的倾向：奋斗、恐惧、抵抗、幻想等。这所有的因素造成的最终结果就是他无法全神贯注地工作。他坚信他可以使用直接的行动消除这种纷扰，就如同将电灯关闭那样简单！在相当程度上，他是在妄想的基础上建立这一希望的。他愿意相信，自己能够快速消除这种让他不安的无能为力感，并且他更愿意相信，除了这个显著的情绪纷扰之外，其他事情都是非常好的。他不想面对这样一个事实，即一个明显的障碍只是一种单纯的暗示，暗示他在对待自己和别人的关系的一些事情上，他犯了根本性的错误。

对于他来讲，关键的就是消除他显著的纷扰情绪。的确是这样，对于情绪纷扰，他不应该假装毫不在乎，也不应该试图从自己的思想中将它清除出去。他应当将它保存在自己思想的隐秘地带，如同一个要到最后才被探索的区域。在尚未窥见自己真实障碍的本质时，他必须非常充分地了解自己。有关这些发现的意义，假如他有着足够的警觉性，那么他就会通过对与这方面有关的知识进行积累，慢慢将这一情绪纷扰所蕴含的因素都搜集起来。

但是，情绪纷扰在某种程度上是可以直接被觉察到的，因为通过对很多纷扰的波动进行观察，是可以对它们有所认识的。这些波动会慢慢稳固并减小自己的力量。在最开始的时候，这个人并不知道这些波动是因何产生的。对于这种波动，他甚至深信是隐藏在情绪纷扰的“本质”里面的，并不存在什么潜藏的原因。假如他可以进行非常仔细的观察，他就会将散落在各处的那些协助他创造良好环境或者糟糕环境的要素挖掘出来。只要有一个被当作这些协助要素的本质的暗示可以被他发现，就可以加强他的更为深入的观察力。如此一来，他就将逐渐获得一个相关情况下的一般形象。

这些观察调查的要点是这样一个平凡的真理，也就是，假如你打算对自己进行分析，你就不能只对显著的事情进行分析。你应当对所有的时机都紧抓住不放，让你对不熟悉的或者熟悉的你自己都更加了解。另外再加上一句，这并不是夸大其词，因为大部分人都对自己知之甚少，所以他们只有慢慢地才能认识到自己已经在多大程度上生活在无知之中。假如你打算对纽约有一个认识，就不可以单单凭借帝国摩天大楼来进行观察。你去考察一下东部穷苦人民住的地方，漫步在中央公园，乘船环绕一圈曼哈顿，或者乘坐第五号街的公交车，你就可以知道更多事情。如果你发自肺腑地对即将出现的奇怪的伙伴进行了解，那么让你可以更好认识自己的机会将会出现，并且还会被你见到。在那个时候，你就会吃惊地发现，比如在这儿，你毫无因由地被激怒；在那儿，你丝毫没有决断力；在这儿，那些你不应该厌烦的东西却让你很厌烦；在这儿，你匪夷所思地不想吃任何东西；在那儿，你却有着非常强烈的食欲；在这儿，你无法让自己做出回复；在那儿，你独自一个人的时候，忽然对四周发出的声音感到畏惧；在这儿，你感到恐惧；在那儿，你觉得自己受伤了或者遭到了侮辱；在这儿，你无法要求涨工资或者将一个批评观点表达出来。这一切的诸多观察引导你进入自己身上并不熟悉的区域。你觉得非常奇怪——在这儿，同样是所有知识的起点——你凭借自由联想竭力对这些感情中无条理、无秩序的含义进行认识。

观察、联想以及它们引发的疑问都属于原始材料。而它们也需要一些时间去分析，和展开每一种精神分析毫无二致。在专业的精神分析里面，确定的分析时间一般是每天或者每隔一天。这种安排不但方便，而且还具有一定的内在意义。对并不严重的神经症患者来讲，这不存在任何不方便，在他们感觉苦恼的时候，假如他们想要就自身的障碍进行讨论，就可以去找精神分析师。不过，假如一个人患有非常严重的神经症，却在他必须要过来的时候才受到劝说，让他去找精神分析师，那么他极有可能会不愿意面对，不管在什么时候，他总能拿出不去看医生的充足的主观借口，即“抗力”是随时都会在他身上形成的。这代表着在他的确需要最大协助以及能够展开最多建设性工作时，他错过了最佳时间。另外一个必须定期治疗的原因是，有必要在一定程度上保持治疗的连续性，而这正是所有系统精神分析工作的本质。

两个必须定期的原因——抗力的蒙骗以及保持持续性的需

要——毫无疑问，这同样适用于自我精神分析。不过在这里，对于这些目标，我并不认为定期的观察一定可以让其实现。对所有人来讲，相比对自己履约，更加容易做到的是对精神分析师履约，原因是在之前的例子中，这种履约能够激发患者更浓厚的兴趣：他不想要显得太没有礼貌；他不希望因为“抗力”拖延时间而惹来责难；他不想让这个时间中或许存在的价值消失不见；他不想要白白花钱预约时间，自己却不去使用。在自我精神分析里面，这些压力是不存在的。许多表面上或者实际上不可耽误的事情都会同为精神分析留出的时间发生冲突。

定时空出时间进行自我精神分析，因为内在因素——而且将抗力的因素全部抛开——同样是无法实施的。在吃午饭之前的三十分钟，一个人或许会在这段空闲时间有一种想对自己进行分析的感觉，不过他却讨厌提前安排在去公司上班以前的分析。抑或在白天的所有时间，他都抽不出空，却在晚上散步的时候或者躺在床上的时候将非常具有启示意义的联想挖掘出来。即便是那种和精神分析师约好时间的方法，在这方面也存在一些缺陷。在患者感到非常冲动以及想要和精神分析师交谈的时候，精神分析师却没有出现在他面前，而在约好的时间，就算患者已经减少了想要展示自己的兴致，也不得不前往精神分析师的工作室。由于外部的情境几乎无法将这种危害消除掉，但又还不具备适当的理由将其转向自我精神分析，而这些情景绝对不会在自我精神分析过程中出现。

对于自我精神分析，假如过于确定地预约好时间，还有一个不足之处，那就是精神分析的过程将因此变为一种“责任”。“必须”的含义，是让精神分析不再具备自身的自觉性，而这种自觉性却恰恰是其最珍贵以及最不可缺少的因素。对于一个人来说，假如他在没有想要去做自己每一天的工作时强迫自己去做，同时他本人并没有意识到这一点，这所具有的危害并不严重。然而，在精神分析方面，他会因为疲倦而无法完整地进行精神分析，并且得不到任何结果。或许在专业的精神分析里面同样潜藏着这种危险。不过在专业的精神分析里面，它可以被精神分析师对患者的兴趣或共同工作的乐趣克服。而在自我精神分析方面却很难解决因定期的外部压力而引发的疲倦，并且，它或许还会让整体工作逐渐停止。

在精神分析方面，定期工作的目的并不是它自身，相反，维持分析的持续性以及预防抗力这两个目标才是它的价值。一直以来，患者之所以会去精神分析师的办公室，只是为了守约，所以他的抗力才会依然存在。他只是为了得到精神分析师的帮助，从而让自己对正在发挥作用的因素进行认识才来。坚持信守承诺并不具备什么保障作用，它无法保证他不从一个问题转向另外一个问题，无法保证他只是想要得到并不完整的自我反省。保证普通工作的持续进行才是它的目的。这些要求在自我精神分析中也是必不可少的，在下一章里面，我将会就它们是如何凭借一种有价值的方法实现的进行讲述。在这儿，最重要的就是它们不提前强行给自己安排日程。在一定程度上，假如一个人因为没有准则的工作而回避一个问题，那他就会被这个问题紧紧抓住。就算付出了时间，还是应该任由其流过，直至患者自己感觉应该对它进行跟踪，这才是最理智的方法。自我精神分析不应当是强迫我们一直得到好成绩的校长，而应当是自己的好朋友，可以给予自己帮助。可以肯定，这个不赞同强行安排固定时间的告诫并不代表着事情容易办。在我们生活中，假如我们试图把友情变成有价值的要素，那就不得不对其进行培育，正如培育友情自身那般。对于我们自身的精神分析工作，假如我们有着一丝不苟的态度，那它必然会产生它的利益。

最终，无论一个人对自我精神分析是如何重视，觉得它有利于自我发展，而并非将其当作一种可以快速发挥效用的万能药方，这对他决定从此时一直到余生都坚持进行这一工作这件事没有任何用处。事实上，将会有一段时间，在此期间他会严肃对待一个问题，比如下一章中所要讲述的情况。不过，在自我精神分析工作中，也有另外一些阶段，在此有一部分分析工作会被隐藏起来。他还会对所有显著的反应进行观察，而且竭力对它们有所认识，进而将自我理解的过程延续下去，不过其强烈程度会明显减弱。他或许会对私人工作或者团体行动非常感兴趣，他或许正在抵抗外界压力，他或许全神贯注地执着于各种关系的培养，他或许轻松地感觉到心理障碍极少能让他感到烦恼。此时，相比精神分析，更为关键的是纯粹的生活过程，它凭借自己的方法帮助他进行治疗。

自我精神分析所使用的方式也是自由联想，跟精神分析师所做的事情是一样的。在第四章中曾经详细地叙述并分析了这种方式，在第九章中将会更加深入地叙述和分析一些对自我精神分析具有特别价值的方面。而与精神分析师一起工作的过程中，患者将自己脑中的所有东西都讲了出来，在独自一人工作的时候，他唯一可以做的就是把自己的联想记下来。至于他仅仅是在内心关注它们，抑或是用笔记下它们，这就属于个人喜好了。在他们记下来时，一些人变得更加专注，而另外一些人却发觉自己在这个过程中反而更加无法集中精神。在第八章所罗列的众多事例中，对于那些联想，一些环节被记了下来，也有一些只是得到了关注，最后才被记到了纸上。

可以肯定，把联想记录下来是相当有助益的。对于所有的联想，假如大家都养成了简单记下来作为提醒的习惯，那几乎所有人都会发觉他的思想是难以与主题分开的。不管怎么样，他会对脱离主题的胡思乱想进行更加敏锐的观察。这或许是由于在纸上记录下一切的时候，就会降低让思维跳跃或者感想脱离主题的诱导力量。不过，记录的最大优势就是，这种行为可以帮助人们在以后对这些记录进行全面检查。一般情况下，在第一次阅读自己的记录的时候，关系的含义都不会引起一个人的关注，不过，在对自己的记录进行详细研究的时候，就会引起他的关注。抑或，对于以前的发现，他可以使用全新的看法进行观察。抑或，他会发觉自己的进步并不明显，而实际上几个月前他就有了现在的水平。让匆忙记录下发现变成适当工作的是最后两个原因，其中的主线会慢慢将话题引到目标上，就算他们或许在尚未记下来的情况下已实现这一点。相比文笔，更加敏锐的是思想，这是记录过程中最主要的困难，不过可以通过只记录提示语来进行补救。

如果大量工作都是在记录中展开的话，那么就难免会将记录与日记进行对比，对于强调精神分析工作的一些特点来讲，慎重展开这种对比是非常有帮助的。假如日记并非纯粹只是汇报一些发生的真实情况，而是将关于真实记载人的感情历程与动因的更加深入的企图记录下来，他本人就会受到这个与日记相似的记录的极大启示。不过，两者之间是存在很大差异的。日记最多就是坦诚记下了意识情感、思想以及动因，它所拥有的揭示特点并不牵涉作者本人一无所知的经历，而是与别人不清楚的感情经历有牵连。在卢梭所写的那本《忏悔录》中，卢梭曾经夸奖自己非常坦诚地将自己苦中作乐的经历揭露出来，但那些连他本人都没有发现的真实情况却丝毫都未被揭露。他只是把一些一般隐秘的事情揭露了出来。并且，即便在日记中存在丝毫对动因的探索，这个探索也只能停留在推测出一个又一个几乎不具有任何意义的推论阶段。在一般情况下，觉察处于意识水平之下的问题的意图是无法形成的。比如那本《一个男人的古怪生活》，书中的卡波特森将他对妻子的愤怒与怨恨统统坦诚地讲了出来，不过却并未提供可以用来作为可能因素的线索。对于日记或者自传，这些评论并没有试图进行批判。尽管它们存在它们的意义，不过它们在本质上与自我探索存在差异。没有人能在讲述自己的同时，还让自己的思想翱翔在自由联想中。

还有另外一个二者使用上的主要差异有必要提及。在通常情况下，日记把未来的读者视为重点对象，不管这位读者是将来的作家，抑或是很长时间之后的读者。不管怎么样，这种对后人的关注都必然会对原本的坦诚造成损害。在那个时候，迫于无奈的作者只得去进行一些润饰。无论他是有意的，还是无意的，他会把一些真实情况彻底删除，让自己拥有最小的缺陷，抑或对自己的别的方面进行谴责，以此杜绝别人的揭露。在他着手对自己自由联想进行记录的时候，假如他对一位钦慕他的读者或者自己创造具有特殊意义的佳作的意图稍有关注，那就会发生上文所提到的那些事情。在那个时候，有关那些对自由联想的意义进行私下损坏的错误，他都可能犯。不管他在纸上记录了怎样的内容，都仅仅是为了实现一个目标，那就是对他自己进行了解。

第八章
一种病态依赖的系统自我精神分析

不管对认识自己的过程的讲述如何详细，都无法进行非常恰当的表述。所以，我打算举一个自我精神分析方面广泛而详尽的例子替代关于这一过程的详尽讨论。这个例子讲了一个病态依赖男人的女人，因为众多原因，在我们的文明社会中普遍存在这样的问题。

假如它仅仅被当作一个普通女性的问题，那这也是非常有意思的，不过它的重要程度却超出了女性范畴。大家都知道，对一个人下意识以及在更加深刻的意义上毫无依据的依赖，这种情况是常见的。在面对我们生活中各个时期所发生的种种依赖问题时，我们中的许多人常常如同克莱尔在刚刚接受精神分析时那般，对它的存在极少予以认可，而且用“喜欢”或者“忠诚”等诸如此类的巧妙的言语来遮掩它。由于这种依赖好像可以非常方便地消除我们全部的苦恼，并且存在极大的可能性，所以它是很常见的。但是，假如我们想要变成成熟、强壮以及独立自主的人，那这种依赖就将产生非常大的障碍。对于幸福的期望，大多数是不真实的。所以，对于所有重视独立自主、重视与别人建立理想关系的人来讲，对一些依赖性的无意识的纠缠进行探求是非常有意义的，也是非常有利的。自我精神分析就更加不用说了。

对于这种问题，克莱尔一直都是亲自解决的。我得到了克莱尔的准许，她非常真诚地让我公开她的经历。前面已经总结、讲述了她的基本情况以及分析的进展情况，如此一来，我就没有必要再多费口舌进行解释，但在别的情形下，这是必须要有的。

我们之所以会选定这一报告，并不是因为它所体现出的问题的内在重要性，也不是因为我们对牵涉的人有所了解，更不是因为这是一段非常成功或者引人注意的精神分析。不用说，原因就是这一报告拥有它所有的疏漏与缺点，对于如何慢慢了解并处理一个问题的过程展现得非常清楚。并且，这个例子还十分明白地讲述了这些疏漏与缺点，足以成为我们从中获得经验的范例。对于这个过程，我们简直没有进行任何特殊解释的必要，因为就其根本而言，这个例子和所有别的神经症倾向的精神分析没有任何不同。

这一报告在发表的时候并未完全依照以前的形式。由于原报告中所用的几乎都是流行语，所以在一方面，我们必须要详尽陈述原来的报告，而在另外一方面，又不得不将其删减。为了简便些，我把完全重复的地方都删除了。并且，我只选了和依赖问题紧密相连而且存在直接联系的部分。由于之前为了解决这个关系中的障碍而展开的精神分析的努力走进了一条行不通的死路，所以我把它都删除了。或许，对这些毫无用处的意图进行追踪是非常有意思的，不过，并没有由于有必要添加篇幅而另外把充足的别的要素增添进来。并且，我对与抗力阶段相关的情况也只是简单记了下来，即我仅仅是把这个特别的精神分析发展的所有重点都陈述了一下。

在总结性地陈述之后，我们就会开始探讨精神分析的各个方面。我们在进行这些讨论的时候，种种问题都将浮现在我们的脑海中。例如，这一发现代表着怎样的含义？在这个时候，哪些因素是克莱尔不明白的？为什么会不明白？

在自我精神分析并未产生太大成效的几个月后，在一个周日的早上，一位作家令克莱尔怒气冲天。这位作家违背了自己的承诺，并未及时给她编辑的杂志送来稿件。这是她第二次受到他的欺骗。这么不可靠的人简直让人无法容忍。

自从这件事发生之后，她的愤怒没过多久就失衡了。对于她来说，在早上五点钟被唤醒并不是多重要的事情。因为只承认愤怒与宣称存在刺激这两者之间的差异，她将引发愤怒的真正起因挖掘了出来。尽管这个真正起因同样与不可靠的问题有所关联，不过她的爱人才是更重要的原因。由于有重要的事情，她的男朋友彼得从城里离开了，并且违背了他的承诺，并未及时赶回来。准确地讲，她并未得到他的明确承诺，他表示他可能会在周六之前返回。她跟自己讲，他面对所有事情总是没有一个定论。他常常先让她充满希望，然后又毁掉她的希望。在前天晚上，她就已经感觉到了这种不再对刺激有任何反应的疲惫，在她看来，之所以会这样，是因为工作太辛苦了，她肯定是因为失望才感到疲惫。由于她想要晚上与彼得待在一起，所以就拒绝了晚宴的邀请，后来她又在彼得没有回来的时候去看了电影。由于彼得不喜欢提前约定时间，所以克莱尔从没有对任何约会做过决定，这最终导致她感觉自己在很多晚上都是非常清闲的，正如像她能够感觉到的那般。在思想上，她一直还有不安情绪：他是否真的想要跟她在一起？

只要想起这种境况，有两件事就会在同一时间浮现在她的脑海。一件事是她几年前从朋友艾琳那里听来的。在某段时间，艾琳患了肺炎，并且非常严重，她在那个时候正与一个男人保持着热烈却又有些悲惨的关系。等到她不再发烧之后，她惊讶地发觉自己不再喜欢那个男人了。她尝试着将这种关系继续下去，然而，那个男人却并未表现出更多的意思。对于另外一件事，克莱尔记得它是一部书中的特别情节，作为一位少女，克莱尔牢牢记住了这一情节。在这本书中，女主角的第一位丈夫参军归来，期望自己的回来可以让妻子非常开心。然而事实上，夫妻之间的感情早已因为纷争而变得淡薄。在丈夫离家期间，妻子变心了。她期望他永远不要回来。她视他为陌生人。他如此独断专行，如同他盼望被爱那般，然而这只是因为他需要她，就好像他也同样被她需要着。但事实上，这些并不是她的真情实感，其实她只觉得愤怒。克莱尔不由得认识到，或许这两个联想暗示的是她想要与彼得分开的愿望，目前的愤怒能够从这种愿望中得到解释。不过，她试图争辩，称彼得是自己深爱的人，她绝对不可能做这样的事。她在这种念头产生之后又进入了梦乡。

在得知自己之所以会愤怒，并不是因为作家，而是因为彼得的时候，她就合理地解释了自己的愤怒。对于这两个联想，她的解释也是毫无错误的。不过，虽然没有错误，但实际上却并不深刻。她没有觉察到自己怨恨彼得的愤怒力量。她不可避免地把这次整个的爆发只当作一种暂时的埋怨，因此她十分愉快地打消了跟他分手的想法。对以往的事情进行回想，结果十分明了，她那个时候还不是非常依赖彼得，所以她有胆量承认自己的愤怒，想要跟他分开。不过她对自己的依赖心理毫无察觉。在将自己的愤怒抑制下来之后，她内心获得了表面上的平静，她把这归结为她“爱”着自己的男朋友。这是一个非常好的例子，证明了这个时候，相比犹豫不决，放弃联想并不能让人们得到更多的东西这一真实情况，也就是说，他们就算是正处于犹豫不决的状态，所讲的话也依然是较为明确的。

对于自己的联想的含意，克莱尔进行反对的基本抗力证明，她无法将联想所暗示的一些问题提出来。比如,这是非常关键的一点，也就是上文所提到的那两个联想，尽管按照普遍的说法，它意味着一种愿望的中断，不过与此同时，它还将中断的一个十分特别的形式表现了出来：在两个事例中，在那个男人十分依赖她时，那个女人的感情会慢慢消失。这只是克莱尔可以想象的一种痛苦关系的终结，正如我们即将在下文中见到的那般。但是，由于克莱尔对彼得非常依赖，所以她绝对不会主动开口与他分开。真正的恐慌是由于她或许会失去他而引发的，尽管有充足的依据可以推断出，当他被她牢牢抓住时，她并不是他真正需要的人，她因此感到非常失落。在这一点上，她有着如此深刻的烦闷，从而导致她用了很长时间才意识到她是恐惧的这一纯粹的事实。这种恐惧感是这样的剧烈，甚至在她表现出自己害怕遭到抛弃的时候，对于她将要失去彼得这一非常清楚的事实，她仍旧紧闭双眼，不去正视。在那个女人自身站在能够不接受那个男人的位置上时，克莱尔不由得流露出一种对自由的渴望，并且流露出一种复仇的愿望，不过她在考虑这些已经发生了变化的事情时，却深深隐藏了二者，而且利用二者为她本人还没有认识到的屈从做证。

未被她提及的另外一个问题是，为何她对彼得的愤怒会持续一整晚，一直到渗透到意识里。即便是这样，在最开始的时候，她为何会将真正的思想掩藏起来，在作家身上宣泄自己的愤怒，以此转移视线？她对愤怒的克制俨然是另外一个更加严重的打击，正如她彻底意识到彼得长期不回家时内心产生的失望那般。并且，愤怒在这种条件下必然属于一种本能反应，绝对不准许自己为了任何人而愤怒，这不是她的性格特征。她常常把自己的怒火发泄到别人身上，并认为那些琐碎的事情才是真正让她生气的原因，她就具有这样的性格特点。不过，就算这件事显然没有任何不正常之处，将这个问题提出来，本身就代表着第一次宣告她与彼得之间的关系非常不牢靠，从而导致不得不隐藏起即使是一丁点儿的变化，避免人们觉察到。

在设法将所有问题都排除在思想意识之外后，克莱尔又开始睡觉，而且睡着了。她梦到自己在国外的一座城市生活，她听不懂大家所讲的话，她有一种非常清楚的迷路感。她全部的钱都放在皮箱子里，然而皮箱子却在车站弄丢了。后来，她来到一个市场。一些不真实的东西放在市场四周，她看到了赌场，并且看到了一个畸形人正在演出。她在一只旋转木马上坐着，那木马逐渐加快了旋转的速度，这让她感到畏惧，然而她却没有办法跳下木马。然后，她又漂浮在海浪上，等清醒过来的时候，她怀有像喝醉了那般的肆意感与恐慌感。

梦境的第一部分让她想起自己年轻时候的一段经历。她所处的城市对她来说是完全不熟悉的。她就像在那个梦中那般，记不起自己居住的宾馆名，同时还迷路了。并且，她还想到，当她前天晚上走出电影院，往家里走的时候，这种与迷路相似的感觉也曾经产生过。

有关赌场与畸形人的演出，她想到了她在很早之前，有关彼得给出的承诺却并未实现它们而产生的思考。这种地方同样会编造虚假承诺，在一般情况下，大家都在那里受到了蒙骗。她还觉察到，自己对彼得的愤怒就好像那个畸形人的演出：他这个人是畸形的。

对于这个梦，她真正感到吃惊的是她深刻的迷路感。但是，她立即用巧言争辩的方式把这种印象掩饰了过去。她跟自己讲，她只是因为夸大了自己的沮丧，所以才会有这些愤怒以及感觉迷了路的反应，不管怎样，那个梦只是将一种荒谬形式中的感觉表现了出来。

克莱尔的问题因为这个梦而成了荒谬的词汇，这是千真万确的，不过她感情方面的强烈程度却被它如实显现了出来。就算它有明显的夸大倾向，她在这一点上也没有能力将它消除。假如夸大是存在的，我们就应当展开调查：到底是什么引发了这种夸大？事实上，它只是对引发感情的经历的适当反应，并没有夸大，相比人们的理解，它有着更深的含意与强度，是这么回事吗？对于意识与潜意识在条理上的全然不一样的含意，这个经历给予了证实，对吗？

根据克莱尔之后的发展推断，这一例子中所讨论的问题就是最后一个问题。事实上，克莱尔的确感觉痛苦、迷茫以及愤怒，恰好和那个梦以及早期的联想所暗指的相同。对于这种理解，在她依然对这个亲密的爱的关系怀有坚定念头的时候，她是难以接受的。因为相同的缘由，梦里面那段在车站弄丢皮箱中全部钱的那段情节并未得到她的重视。这一现象或许就是她所拥有的对彼得的所有感情的压缩，车站代表着彼得，同时还暗指一些和长久的、安全的家庭相对立的变幻莫测、冷淡的事情。在使人烦闷的论证尚未让克莱尔费心时，那个梦中其他对感情造成伤害的因素并没有引起她的关注。对于这个和那个因素，她进行了一些并不深刻的说明，这让她非常满意，如此一来，不管怎么样，相比她已经得知的，她绝对不会从这儿了解到更多东西。假如她进行了十分深刻的探求，那她或许会对梦的主旨有所了解：我感觉孤身一人，无所依靠，不知道怎么办才好；最让人感到失望的就是彼得；我的生活是不停旋转着的，如同一只旋转木马那般，我没有办法跳下来，只能随波逐流，没有办法挣脱，而随波逐流并不安全。

但是，对于可以轻易将感情引发出来的经历，我们绝不可以随意遗弃，正如我们可以将和我们的感觉毫无联系的思想完全遗弃那般。对于克莱尔的愤怒感与尤其强烈的迷路感，无论她有着多么显著的不正确的认识，它们都极有可能会在她脑海中回旋，而且帮助她探求之后开始的精神分析之路。

在抗力的题目下面，还需要保留可以讨论的精神分析的其他部分。第二天，克莱尔在展开自由联想的时候，另外一个和梦中的“国外城市”相关的事情浮现在她脑海中。有一次，她在国外的一座城市迷了路，不知道应该怎么去车站。因为她对这个国家的语言一窍不通，无法询问别人应该怎么走，她就错过了火车。在考虑这件事的时候，她记起了自己那个时候的行为是多么愚笨。她完全可以去买一张地图，也可以随意进入一家比较大的宾馆，询问里面的守门人。但是很显然，在问路方面她显得太过胆怯，也太过缺乏经验。她忽然意识到，在对彼得的失望中，恰好就是这种强烈的怯弱起了一部分作用。事实上，她曾经劝告他去拜访一位朋友，那位朋友在乡下住着，如此一来，他就可以有一些休息时间，却并未将想要他回来过周末的愿望表现出来。

还有一个很早之前的回忆浮现在她脑海中，是关于她最喜爱的那个玩具娃娃米埃莉的。米埃莉有一个缺陷，她的假发是非常廉价的那种。克莱尔一直都有一个愿望，希望可以用真头发替换米埃莉的假发，这样她就可以给她梳理跟扎辫子了。她常常在玩具店前面站着，注视着有真头发的娃娃。有一天，她妈妈带着她来到玩具商店，在给她买礼物方面，她妈妈一向是非常大方的，问她想不想要一个真发娃娃。但是，克莱尔沉默不语。她非常清楚，妈妈并没有多少钱，而那个真发娃娃却非常昂贵。像那种有真发的娃娃，她始终没有拥有过，甚至直到现在，她只要一回想起这件事就激动不已，几乎潸然泪下。

虽然在接受精神分析期间，她竭力想要解决这一问题，但她非常清楚，她在将自己的愿望表现出来的时候依然感到厌恶，因此她沮丧极了，不过与此同时，她内心依然产生了非常强烈的解脱感。有关她前几天的苦恼,这剩余的胆小表现就相当于做出了解释。在自己与彼得的关系上，她实在应当坦率一些，让他对她的愿望有一个了解。

克莱尔的解释表明，假如所使用的精神分析仅仅有一部分是正确的，那或许就会遗漏掉重点，弄不清楚所包含的问题。对于所发觉的处理方式是否的确具有可行性，这一点解脱感自身是无法予以证实的。在这里，这种真实情况引发了解脱感：凭借加速假解决的方法，克莱尔在重要问题上面获得了短时间内的胜利。假如她并非无意识地决定想要将一个简单的消除她苦闷情绪的出口找出来，那她可能会更加重视联想。

这个回忆并不能证明她是决断力匮乏的人。它非常明白地将一种强迫体现了出来，也就是为了防止让她妈妈成为一位被憎恨的对象，哪怕这种憎恨是模糊的，她把自己对妈妈的需要放在了头等重要的位置上。同样的意向也适合现在的情境。毫无疑问，她在坦然表露愿望这件事上过于胆怯，不过这种抑制更多地是来自于潜意识，而并非因为胆怯。根据我所收集的全部情况来观察，这位男朋友为人非常冷漠，所有对他的要求都让他十分敏感。在那个时候，克莱尔并不是非常清楚他的状况，不过她感觉应当克制直接对他的日程提出要求，正如她克制曾提起的结婚的可行性，尽管结婚的念头常常出现在她的脑海中。假如她请求他周末回来过，他或许会答应，只是内心肯定怀有埋怨。不过这一真实情况是克莱尔难以认可的，在尚未真正慢慢了解彼得身上的局限性以前,她绝不会有这种行为。有关她自身的责任,她很乐意去看。另外，一些她所预感的一定可以取得成功的事情，也是她乐意去关注的。应当想到，这是一个为了将艰难关系保持下去，自己承担全部错误的克莱尔以前使用的方法。原本，在对待自己妈妈的时候，她所用的就是这种方法。

克莱尔认为是自己太过胆小，所以才产生了所有的那些苦恼，最终导致她不再坚持——至少是有意地——她憎恨彼得，同时还希望再次与他相见。这是在第二天晚上发生的。不过，她即将面临另一个全新的失望。彼得不但没有按时回来,看上去还非常疲惫，在见到她的时候，没有丝毫发乎自然的开心表现，最终导致她感觉非常没意思。没过多久，她的冷漠引起了他的注意，他发动了主动进攻，问她是不是非常不满自己没能在周末赶回来。很明显，这是他惯用的手段。她使用微弱的否定，并且极力地压抑心里话，承认他让她产生了怨恨情绪。她不可以对他讲，对于他所进行的可怜的努力，她让自己别再心怀怨恨。彼得责怪她，说她只顾及自己的意愿，像一个小孩子。克莱尔感觉非常难受。

晨报上面有一则船只出事的消息，这让她脑中浮现起她梦中的一部分情节。她梦见自己在海浪上漂浮着，一个强壮的男人在她快要被淹死的时候出现了，并且伸手把她抱在怀里，解救了她。她跟他在一块儿的时候，内心感到有了依靠，并且始终受到保护。她会一直被他的手臂守护着，而且永生永世都不会与他分离。第二个联想与一本小说有关，这本小说的结局和上文相同。一个女孩曾经遭受了很多男人的侮辱，最终她与一个可靠的男人相遇了，那个男人有着完全可以信任的忠诚。

在那个时候，一个梦的情节浮现在她的脑海中，她这时已经意识到自己开始与布鲁斯好了。她得到了这位老作家的帮助，而且他还委婉地答应帮她辅导。她梦见自己与布鲁斯手拉着手一块儿散步，他如同一位神人或者半神人，她感觉非常开心，并因此有些害羞。这个男人给了她无法用语言形容的恩泽与保护。克莱尔在回忆起这个梦的时候笑了。克莱尔盲目地高估了布鲁斯的光芒，一直到后来才发现他心胸狭窄且严肃呆板。

她因为回想起这些而让另外一个联想浮现在她脑海中，或称其为常见的白日梦，她几乎已经遗忘，在她上学时，在她尚未对布鲁斯着迷之前，这个想象就已经发挥了实际作用。这个想象是根据一个十足的男子汉展开的，他拥有非常出色的才华、智慧、声望以及财富。这个男子汉向她表白，由于他太过其貌不扬，感觉配不上她。他感到了她的巨大的潜力。他非常清楚，假如让她拥有一个适当的时机，她肯定会非常出色，可以事业有成。为了她的发展，他倾注了所有的时间与精力。他讨好她的方式并不是纯粹地送漂亮衣服与十分吸引人的房子给她。他必定会引导她全力做事，既要变成一个真正的作家，还要对智慧与身体进行修炼。这样一来，在他的改造下，原本的丑小鸭变成了漂亮的白天鹅。这是皮格梅隆式的幻想，根据一个女孩的看法对她的发展进行创造。除了为自己做事，她其余的都要绝对顺从于自己的主人。

对于这一连串的联想，克莱尔的第一个说明是，宣称它们将一种对永恒的爱情的渴望显现了出来。她辩解称所有女人都是这么想的。不过，不管怎么样，她没有否认如今已经加强了这种期望，因为她并未从彼得那里获得信赖感以及永恒的爱。

凭借这些联想，事实上克莱尔已经接触到了事情的真相，不过并未对它有所察觉。一直到最后，她才开始关注这个她希望的“爱”的特殊表现形式。不然的话，承认她并未从彼得那里获得自己需要的东西，这才是这种说明最有价值的部分。这是偶然间显现出来的，仿佛她始终是清楚的那般，不过事实上，对于那种关系的所有深刻的埋怨情绪，这还是她首次自发性地真正意识到。

看上去，应当想一想是不是前几天的精神分析导致了这种十分突然的顿悟。自然，在这种结果里面近期的两个失望也是其中重要的要素。不过，在克莱尔尚未意识到要进行这种自我反省的时候，就已经产生了与之相似的失望。克莱尔在这个问题的分析工作中刻意漏掉了全部基础因素，却并未让上文所推断的精确性减小，因为即便存在这些失误，以下两件事还是出现了：首先，让她有非常明显的迷路感的感情经历，这一感觉出现的时间正好是做那个梦见外国城市的梦的时间。其次，虽然她的联想并未产生清楚的意识点，仍然在日渐狭窄的范畴内围绕非常重要的问题进行，而且将一种透明度呈现出来，在一般情况下，只有患者将要进行自我反省的时候才会产生这个透明度。我们或许会质疑，如同克莱尔在这期间所形成的思想与感情，会不会有助于把某些要素聚集到问题的重点上，就算这些思想与感情仍旧在意识水准之下停留。

这一推断的产生，不只是凭借有意识地正视所包含的问题，并且还要让每一步都向着这个目的迈进。

无论如何，在之后的一段时期，在对她提到的最后一些联想进行全面检查的时候，克莱尔进行了更加详尽的表述。对于她来说，这些联想是一种伤害，在这个系列的前两种关系中，那个男人是一个救星的形象。她落水了，并被一个男人救了上来。在小说中，为了让那个女孩从羞辱与兽性中逃出来，那个男人提供了帮助。虽然布鲁斯与她所想象的那个十足的男子汉都未能将她从水深火热中解救出来，不过他们所扮演的角色都是守护者。在她提到解救、守护以及躲避灾难这个反复重复的主旨时，她意识到自己不但希望得到"爱",并且希望受到守护。她还发觉了对她来说，彼得所具有的一个优点，那就是彼得乐意并且可以做到在她感到苦恼的时候劝解她，宽慰她。她在这样的情境下联想到这种事实，她已经意识到在很长一段时间——在她面临攻击或者威胁的时候，她不具有丝毫的防御力。在就她必须要处在次要位置（附属位置）进行讨论的时候，这个问题就被我们提到过。如今她意识到，随着她需要被保护的愿望的产生,才产生了这些问题。她最终意识到，是因为生活中遭遇了越来越多的困境，所以她才会越来越期望得到爱和婚姻。

克莱尔拥有这种理解，也就是在她的爱情生活上，得到保护的需求是一个本质上的要素，她就进步了很多。这个需求显然是没有任何伤害的，过了很长时间之后，它所包含的要求的范畴及它所发挥的效用才变清晰。对于这个问题的第一个顿悟，将它拿来与有关相同问题汇报的最后一个顿悟，也就是与“独立信仰”进行对比，这或许是非常有意思的。这一对比将精神分析工作中经常能够见到的问题揭示了出来，这个问题就是在它最毫无遮挡的外形中首次出现的。除了存在的真实情况之外，一个人对其他事情一无所知，然后又更加深刻地认识了相同的问题。之后发觉的问题既然不是全新的，而是大家始终都了解的情况，那这个感觉就是没有保证的。它尚未被人认识，起码尚未被自发性地认识，不过却已经形成了它的表现形式。

虽然在一定程度上是不深刻的，不过对于克莱尔的依赖，这第一个顿悟仍然提供了一个突然的最初的震动。在她隐约觉得自己想要受到保护的时候，她还尚未对它的本质有所认识，所以，她无法获得结论，宣称她的问题里的一个实质要素就是这个。她还将那个对真正男子汉的联想中的所有材料都遗漏了，这些材料证明，相比保护自己，她希望自己喜欢的男人可以承担更多的责任。

在六个星期以后，克莱尔陈述了她的第二个报告。在那几周时间里,克莱尔进行了回想。它们并没有提供任何新的精神分析材料，不过其中却包含了一些扼要中肯的自我观察。这些观察牵涉她独自一人生活时的无所作为。在安排自己的生活时，克莱尔将所有时期的独自生活都避开了，所以在过去的时候，这种抑制并未引起她的注意。如今她注意到，她会在独自一个人的时候感到惶恐，或者感到疲惫。她可以用别的方式去享受的乐趣，只要她单独一个人去尝试时，便失去了原先的意义。即便是相同的工作，相比在家中，她在办公室中可以做得更出色，因为办公室中有别人陪着她。

在这一阶段，她不但不竭力对这些观察进行认识，也丝毫没有努力对她的最新发现展开跟进。考虑到那个发现的深远意义，任何更深层次的探究都意味着失败的打击。假如我们将这些现象以及过去所显现出来的对查验她与彼得之间关系的厌烦情绪联系起来思考的话，那我们假设克莱尔的最新发现已经对她的依附症状有了更进一步的认识，这样有利于她对其进行认识，而并非踟蹰不前，进而不再努力进行精神分析。

她之所以会再次展开自己的精神分析工作，其主要原因是在一天晚上，她因为彼得而忽然产生了强烈的情绪波动。彼得送给她一条头巾，非常漂亮，这实在是出乎克莱尔的意料，让她开心不已。然而，克莱尔内心突然产生了厌恶感与乏味感。在她开始动手准备暑期计划之后,产生了这种受到抑制的感情。对于这个计划，她热情满满，然而却遭到了彼得的冷漠对待。关于他的态度，彼得解释称，不管怎么样，提前安排行程实在不是他喜欢做的事情。第二天早上，梦中的一个片段浮现在克莱尔的脑海中。她梦到了一只颜色漂亮、动作优美的大鸟，并且看着它飞走了。它逐渐变小，直至彻底消失。在那个时候，她醒了过来，心中充满了疑问与失落。在她彻底清醒之后，一句名言浮现在她脑海中——“这只鸟已经离开了”。她立马意识到，这暗指她对彼得将要离开她而产生的担忧。后来这一直观感觉的解释获得一些联想更深入的证明：彼得曾经被别人比喻为一只鸟，永远定不下来；彼得长相英俊，而且是一位非常出色的舞蹈家；鸟有着非常虚幻的美丽；有关布鲁斯的回想，她已经把布鲁斯并不具备的长处加诸布鲁斯身上；质疑彼得是不是同样得到过她的称赞；一阵歌声传了过来，那歌声来自主日学校，在歌声中祈求他的孩子可以受到耶稣的庇佑。

对于彼得将要离开她而产生的担忧，有两种表现形式：一是那只离开的鸟，二是那个已经决定要庇佑她却又将她抛开的鸟的念头。后一种思想的暗示形式不只是那支歌曲，还有她尚未清醒时的失落感。在耶稣保护他的孩子的象征中再次出现了寻求庇佑的主旨。后来在更加深入的考察中，她意识到有关那个具有象征意义的宗教中人物的出现绝非偶然事件。

对于自己称赞彼得的暗示，克莱尔并未深究。不过她窥见到了这种可能性，很有必要继续关注这一事实。它或许已经把道路铺好了，以便让她可以在之后的某些时候有勇气对彼得进行认真观察。

她的解释的总的主题，不管怎么样——有关因为彼得将要离开她而产生的担忧——不但被认为仿佛是一个自梦中引发的结论，合乎情理，并且还像是精准的、重要的深刻感觉。它属于一种感情经历，并且是对非常重要的因素的理性了解。这是一个明显的事实，那就是，一些直到现在都还不清晰的反应忽然变清晰了。第一，在前一个晚上，她见到彼得并不喜欢对他们共同的假期进行讨论，她还并未全然失去希望。因为他非常冷淡，让她感觉自己将要失去他，从而内心产生了恐慌感。她还因为这种恐慌引发了对刺激不再做出反应的疲惫与冷漠，而且让她梦见了那些事情。还有别的很多相似情景也变得清楚起来。许多事情接踵而至，那些事情让她感觉受伤、失望以及愤怒，或者像前一天发生的，让她明显变得疲惫或者郁闷的例子，实际并不具有正当理由。她意识到，无论是不是具备其他因素，对于这一切的反应，都是因为一个相同的原因：假如彼得并没有及时赶到；假如彼得并没有打来电话；假如相比对她，彼得更加全神贯注地对待别的事情；假如他不合群；假如他冷着一张脸或愤怒；假如他不再对她产生生理欲望——上述这些所展现出来的一直都是对同一种抛弃的恐惧。并且，她清楚，在她与彼得交往的时候，偶尔会产生怒气激增的情况，之所以会有这种情况出现，是因为这种恐惧，而并非因为一些琐事而产生的矛盾；或如同他在一般情况下责难的那般，因为她期望拥有自己的方式。其实，都是因为她害怕他离开自己，她才会产生愤怒，和像关于电影的观点不一样这种琐事，以及等候他时所显现出来的焦虑等这一类的事情无根本关系。反之，在相当程度上，在他出乎意料地送给她礼物时，她大喜过望，这是由于送礼物这件事在相当程度上代表着对恐慌心理的骤然安抚。

然后，对于这种抛弃的畏惧，她拿来与自己独自一人生活时内心所产生的空虚感相提并论，不过有关这种联系，她并未获得丝毫最终结论。她是由于不敢一个人独自生活，所以才产生了如此强烈的害怕被抛弃的恐惧吗？抑或是，对于她来讲，独自一个人生活就暗示着被抛弃？

显然，精神分析的这一部分将一个让人震惊的实情显现了出来，也就是，对于事实上正在彻底消失的恐惧，一个人或许一点儿都不会有所觉察。如今，克莱尔对自己的恐惧表示认可，而且认识到了因为她与彼得的关系而引发的烦恼，这代表着她的确进步了。有两种关联存在于这种领悟和她前面所讲的一个有关她为了保护的需要之间。对于和恐惧的整个关联，这两个发现证明了它已经被扩大到怎样的程度。特别是，对于保护的需要，抛弃的恐惧发挥了怎样巨大的作用：在生活与危险等方面，假如盼望着彼得可以保护她，那彼得将要离开她的打击必然是她难以承受的。

有关抛弃恐惧的本质，克莱尔所认识的依然只是皮毛。她尚未认识到，她以为的深沉的爱，仅仅是一种神经症的依赖，所以她绝不会了解到依赖才是她产生恐惧的根本原因。她在这种情况下想起了一些非常模糊的问题，还因为有过多的未知要素包含在其中，所以对于这一事实，她绝不会给出正确的评述。

克莱尔在收到头巾的时候感觉非常开心，对此她进行了精神分析，就其自身来讲这是正确的。可以肯定，因为这种行为是友好的，可以让她的恐惧心理得到短时间的缓解，所以她才会感觉非常开心。她尚未对其中所含有的其他因素进行认真思考，就以为起因绝不会是抗力。她只发觉了问题特殊的部分，也就是与她那个时候正在研究的恐惧问题相关的方面。

大概是过了一个星期，自己在礼物问题上的开心所包括的别的因素才被克莱尔意识到。在一般情况下，她不会因为看电影而出现激动落泪的情况，不过，在这天晚上，在电影中那个命运悲惨的姑娘得到意外援助与友情时，她哭了。她认为自己的感情太过脆弱，并因此笑话自己，然而眼泪依旧不停地流下来，最后，她感觉应该对自己的行为进行一下解释。首先，她认为自己或许是在潜意识中感到不开心，所以才借这种激动落泪的行为发泄出来。

自然，的确有不开心的因素被她挖掘出来。但是，她沿着这种思绪继续联想，却一无所获。她在第二天早上忽然发觉了这一问题：她没有在电影中的女孩遭遇困难时落泪，却在局势骤然变好的时候落泪了。因此，她意识到自己在前一天忽略了一个问题——在这种情境中，她常常落泪。

在那个时候,她的联想是与思绪相符的。她记起了自己小时候，在那个时候，她常常在幻想到仙女忽然送了很多礼物给灰姑娘的时候落泪。所以，在她收到头巾的时候，她再次感觉愉快。第二个回想与她结婚时发生的一件事相关。在圣诞节或者生日的时候，她的丈夫一般都只是把一些按照惯例应该送的礼物送给她，然而有一次，他的一个非常重要的生意伙伴进城了，她被两个男人带到了造型师那里，他们帮她挑礼服。她看上了两件礼服，不知道应该选其中的哪一件。她的丈夫在那个时候表现得非常慷慨，让她一并买下那两件礼服。对于他所表现出来的态度，尽管她非常清楚并不全是因为她，还因为他想要给那位生意上的伙伴留下深刻印象，不过她还是感觉非常开心，而且对这两件礼服的珍爱程度远胜于其他衣服。后来，那个有关真正男子汉的联想中的两件事浮现在她脑海。第一件是他让她做他的女朋友，这实在让她吃惊极了。第二件是与他送给她的所有礼物相关的，她已经极尽详细地告诉自己的事情：他提议的旅游，他挑选的酒店，他带回家的睡衣，富丽堂皇的饭店的款待。她不需要再祈祷什么东西了。

她确实感觉非常震惊，简直如同一个被找到铁证的犯罪人员。她的“爱”是这样的。她的一位朋友浮现在她的脑海中，那位朋友还没有女朋友，是她最知心的朋友。他宣称女人的爱全然是为了让男人暗中予以保护。她的另外一位朋友也浮现在她的脑海中，这位朋友名叫苏珊。苏珊说在她看来，就爱的老话题侃侃而谈，实在是让人厌恶，这让她感觉十分震惊。苏珊说，爱属于一种交易，只不过这种交易是不虚假的，每一位伙伴为了培养一份良好的友情，而在交易中做他应该承担的事情。对于她所看重的这种不严肃的态度，克莱尔感觉非常吃惊：对于感情的实质与价值，苏珊居然如此固执偏激地予以否定。不过，她本人如今意识到，有关爱的一些事情，她想得太单纯了，那是不正确的。她原本认为爱最重要的成分是希望，她期望在银盘上放着可以感知却又无形的礼物，然后送给她。事实上，相比那些依赖着别人生存的人，她的爱是一样的。

毫无疑问，这种领悟是完全出乎意料的，虽然这种意外让她非常很难受，不过没过多久，她就感觉十分轻松了。对于形成她爱情关系困扰因素中因为她本人而产生的障碍，她的确感觉自己已经彻底将其消除了。

因为自己的发现，克莱尔感觉异常开心，从而导致她彻底将这一发现的起因抛到了脑后，也就是在看电影时落泪这件事。不过在第二天，她再次绕回这个问题。在感到一种出乎意料的满足时，眼泪象征着思想上的感情混乱，这是最隐秘、最强烈的愿望的满足，是她穷其一生都希望得到的满足，这些都是不敢想象会成为现实的期待。

在之后的几周时间里，克莱尔从几个方面乘胜追击，继续追寻自己的领悟。对她最后一连串联想进行大致地查看，她因为一个真实情况而感到震惊，即获得出乎意料的援助与礼物方面近乎是全部事情的关键。在她看来，起码关于梦境的记录的最后叙述中存在与这方面相关的一条线索，也就是她从未因为受到强迫而去祈求任何东西。她因为之前的精神分析工作而走进她并不陌生的领域。因为在过去她具有抑制自己愿望的倾向，而且在一定的程度上，她还对这些愿望的表现进行压抑，所以她急需一些人来协助她，或一些人可以将她的隐秘愿望猜出来，而且他们还可以让这些隐秘愿望变为现实，而不需要她本人再努力去做任何事情。

对于她采用的另外一种方式，是与被动接纳的、寄生的态度截然相反的一面有关联的。她清楚自己并没有多少付出。所以，她期望自己的烦恼或者爱好可以一直得到彼得的关注，而她本人却从未主动对他进行关注。她期望他是容易动情的人，并且还要情深义重，而她本人却有着非常含蓄的感情。她的反应是让他主动。

有一天，她又把自己的回想记录送了过来。这个记录牵涉她那天晚上从开心到灰心失望的情绪波动，她觉得之所以会这样，大概是因为另外一个原因。或许，在那个对刺激不再具有反应的疲惫中已经包括了这个原因。她不相信后者的形成原因只可能是已经引发的焦虑，或许还有可能是因为压抑她由于没有实现自己的期望而产生的愤怒。假如的确如此，她的期望就绝不会如同她所幻想的那般毫无伤害，因为必然会有一种坚持的混杂成分掺杂在期望中。这个问题被她当作一直没有得到解决的问题，并暂时抛掷一旁。

对于她同彼得的关系，这一阶段的精神分析具有非常好的直接作用。她一改自己彻底接受式的态度，开始主动想要参与他感兴趣的事情，并且想要关怀他。同时，不再出现忽然发怒的情况。对于她对他的要求，不能轻易下结论称已经降低了，尽管并不算是非常过火的要求，因此接纳它没有什么不符合情理的。

这一次，克莱尔并未再添加任何东西，而是中规中矩地正视自己的发现。尽管在六周以前，也就是第一次产生那个有关真正男子汉的联想时，她已经看到了相同的材料，这依然有予以关注的必要，依然有着非常迫切的对坚持“爱”的幻想的需求，从而导致除了认可自己的爱被添加了为了保护而需要的色彩之外，其他的就束手无策了。而她或许还会在那些认可的范畴内假设，只是为了保护的需求同样能够当作她的“爱”的要素。但是，就像之前所叙述的那般，对于她的依赖，首次受创就是那个很早之前的顿悟。而第二次便是意识到她的爱里面的恐惧程度。接下来的一次是她提及的问题，就算彼得的问题一直没有得到解决，是不是依旧被她高估了。唯有她展开精神分析工作,将迷雾远远穿透之后，她最终才可能意识到，她并不具备非常单纯的爱。她或许唯有如今才能够了解她的顿悟，了解到她将过多的希望与要求误认为是爱。不过，她并未实施最后一步，意识到希望所产生的依赖。不然的话，不管怎么样，这个精神分析的片段就是乘胜追击顿悟的一个良好事例。克莱尔意识到，她主要是因为对自己的抑制才产生了对别人的期待，她将期望获得或者任何想为自己做的事情的愿望抑制了下来。她意识到，任何她回报他的能力都因为她的寄生态度而受到了损坏。她表明她的倾向是，假如她的期望没有被接受或者化为泡影，她就会感觉遭到了冒犯。

事实上，那些无法触及的东西才是克莱尔期望的，虽然这与表面上显示出来的证据截然相反，但就其根本而言，她并非贪得无厌。我甚至能够宣称，收到礼物只是一个标志，具体的东西是不值一提的，期望才是最关键的。她请求用这样的方式获得保护，对于她的愿望是否是对的，她期望完全不用去判断。没有必要为自己负责，也没有必要将外界的困境讲出来。

几周时间过去了，在这些天里，从整体来说，她与彼得的关系是良好的。最终，他们一起安排了旅行计划。长久的犹豫之后，他为了她所期望的最开心的事情改变了自己的观点。尽管已经安排好了全部事情，她仍旧对这一假期的来临充满了期待。然而，在他们几天前正准备动身的时候，他跟她说，那时候的生意有所波动，他不得不留在城市里，一刻都不能离开。克莱尔最先感觉到的是愤怒，随后又觉得希望落了空。她遭到彼得的谴责，他认为她太不懂事。然而，面对这种侮辱，克莱尔居然具有接纳的倾向，而且竭力想要说服自己，承认他是没有错的。在内心平静之后，她建议自己先去距离城里只有三四个小时路程的游乐场。只要彼得有时间，不管是什么时候都可以过去陪她。这一计划并未遭到彼得的正面拒绝。他在一阵哼哼唧唧之后说道，假如她可以用更加合情合理的方式处理事情，他很愿意按照这个计划行事。不过，鉴于每一次失望都让她产生如此激烈的反应，而他又无法保障自己的时间，他事前唯一可以见到的就是可能时刻都会出现的阻碍，所以，对于她来说，更加合适的是制订一个不需要他参与的计划。她因此再次感到希望落了空。直到彼得安抚她，并且承诺自己会在这个假期的最后十天陪伴她，这一晚才算是结束了。克莱尔稍感心安。因为和彼得有着相同的思想观点，她感觉可以更加轻松地做事，她满足于自己可以从他那里得到的。

第二天，在她打算对自己生气时的第一个反应进行分析的时候，有三个联想浮现在她脑海中。第一个回忆是在她小时候，因为长时间扮演饱受苦楚的角色，她备受嘲笑。她常常想起这件事，不过如今是出现在全新的情境中的。在过去的时候，她从未思考过自己是不是应该遭受别人的这种嘲笑。它仅仅被她当作一种事实。如今，她首次意识到他们是错误的，其实她已经受到了轻视，他们从嘲笑一直发展到羞辱她，甚至是伤害她。

随后，第二个回想在她脑海浮现。那件事情发生在她五六岁的时候。她经常与自己的哥哥以及他的朋友一起玩。有一天，他们跟她讲，他们打算到不远处的一片草地上玩耍，那里有一个住着强盗的非常隐秘的洞穴。她对他们的话深信不疑，等到她靠近那片草地的时候，她一直在打冷战。有一天，她被他们笑话，因为他们所说的谎话骗住了她。

她想到了她的有关国外那座城市的梦，其中一部分就是她见到了正在演出的畸形人，还见到了赌场。如今，她意识到这些象征暗示着她巨大的愤怒。在彼得的身上，她首次发现了一些不真实的东西，一些具有欺骗性质的东西。这并非在所有场合的刻意欺骗。不过，他常常不由自主地展现出始终正确、高明以及大方的形象——在这些方面，他具有缺点。他被自己的形象包裹着，他之所以会做出满足她的愿望的承诺，只是由于他的怯弱，而并非是由于爱与慷慨。后来，他又用十分狡诈无情的态度对待和她的关系。

她一直到此刻才了解到，在前一天晚上，她并不是因为太过失望，而是因为她的感情遭到了他的冷酷蔑视，所以她有了这样的举动。在他告诉她他不得不在城市里待着的消息时，他的态度是冷漠的，既不感到抱歉，也不感到怜悯。这件事只是在这个晚上将要结束的时候发生的，他直到她感到难过的时候才动情。在那个时候，她因为他而担负了痛苦的重压。他让她觉得，都是因为她才造成了这所有的错。他所采用的行为就是她的妈妈与哥哥在她小时候对她采用的行为。首先，对她的感情进行摧残，随后，让她觉得是她做错了。顺便再加上一句，这是非常有意思的，在这里，我们发现了变得更为明显的一个片段的含意，是由于她已经打起精神，准备奋起抵抗。通过对以前经历的一一陈述，让她可以更加坦诚地正视与礼物相关的问题。

后来，很多事情都浮现在克莱尔的脑海中。彼得曾经有过很多承诺，有的是含蓄的，也有的是清楚明确的，不过没有一个得以实现。并且，她了解到这种态度还以更加紧要、更加难以触摸的方式展现出来。她发现在她的身上，彼得已经形成了一个深刻的、永恒的爱的幻象，但让人担忧的是，他并未将自己与她紧密连接在一起。这好像是他凭借爱的想法包围了他本人与她。她已经受到了欺骗，正如她对那个有关强盗的故事深信不疑一般。

最终，自己在那个早期的梦之前所具有的联想浮现在克莱尔脑海中：她的朋友艾琳的思想，她的爱在她患病的时候慢慢消失了。还有那本小说的思想，这本小说的女主人公认为自己与丈夫的感情淡薄了。如今她意识到，相比她已经假想好的，这些思想也具有一个更加重要的含义。与她自己相关的一些事情，应该努力地摆脱彼得。尽管对于她来讲，这并不是一个让人开心的领悟，不过她还是产生了一种解脱了的愉快感。她感觉仿佛将一个魔咒打破了。

在对自己的领悟进行追寻的时候，克莱尔产生了惊讶感：她为何耗费了如此多的时间才认清彼得？只要能够看穿他身上的这些特点，她就感觉它们是如此的明显，以至于她难以将它们忽视过去。她认识到在尚且对它们毫无意识的时候，她兴趣盎然，从彼得的身上体悟到了那个关于真正男子汉的想象，并且任何东西都无法阻止她。同时，她首次以相似的方式见到了已经被当成英雄来崇敬的人的雄伟形象。这个形象起源于她妈妈，她曾经是妈妈的崇拜者。然后是布鲁斯，在很多地方，他都与彼得非常相似，是一个典范。另外，还有那个想象中的男人以及很多别的人。如今，那个美丽的鸟的梦已经变得清晰明确，象征着她对彼得的美化。因为她的期待，她一直不切实际地追求过高过远的目标，好像要拉着手推车去往外星球。而如今已经证实，这一切的星球只不过是烛光罢了。

在这里，这种观点是占上风的，也就是克莱尔的这个发现全然算不上是发现。莫非在很久以前，她并没有意识到彼得总是时常说而很少做吗？没错，在几个月之前，她就已经发现了。不过，她并未将它放在心上，也没有对彼得不靠谱的整个程度进行估测。在那个时候，她的思维主要放在自己对他的愤怒的表现。如今，它已经变得明确具体，成为一个观点，一个判断。并且在那个时候，她并没有意识到在他正直、大方的外表下，居然隐藏着色魔的品质。对于这一清楚的形象，只要她还盲目地期待着他可以让自己所有的需求变为现实，她就绝不会发觉。她意识到自己有不切实际的期待，对于这种关系，她很乐意摆放在公平交换的基础上，她因为这种感悟而变得稍微坚强了些，从而导致她如今有勇气正视他的缺点，同时对于支持这种关系的基石，她也具备了撼动它的勇气。

在克莱尔整个的精神分析工作期间，根据克莱尔所收集的有关彼得的材料，我推测对彼得的个性的分析，她几乎是没有错的。但是，还有一个关键点没有被她发觉：彼得肯定会背叛她，不管是因为怎样的原因。自然，她的判断力肯定因为他表面上对她的有关爱的完美无缺的保障而受到了影响。在另外一方面，这并不是一个非常充足的解释，因为它尚未将两个问题处理好：她竭尽所能，想要获得有关他的清晰的印象，但为何会停滞不前？她为何可以幻想——尽管并未实施——她与彼得分开是令人满意的，不过她却紧闭双眼，不去正视彼得或许会背叛她？

这个遗留下来的问题，让克莱尔想要和彼得断绝关系的念头遭到了压抑，在短暂的一段时间内依然保持着这种情形。她感觉非常不开心，他只要一陪伴她，她就立马屈从于他的魔力之下。寂寞依然是她无法忍受的。这样，就又继续维持这种关系。对于他，她所做的最多的是屈服，极少对他有所期望，不过她依然把他当成生活的中心。

在三周以后，她从睡梦中醒过来的时候口中叫着玛格丽特·布鲁斯的名字。对于自己是不是在梦中看到了玛格丽特，她并不清楚，不过她很快就认识到了它的含意。她的朋友玛格丽特已经结婚了，她们最后一次见面还是在好几年前。玛格丽特是非常值得同情的女人，她对自己的丈夫非常依赖，并且对自己的丈夫冷酷地轻视着自己这一实情视若无睹。她丈夫不但瞧不起她，还当着其他人的面对她进行嘲讽。他有了外遇，而且还把她们带到自己家里。在玛格丽特感到失去希望的那段时间，她常常把自己的痛苦倾诉给克莱尔。不过，她老是变得更顺服，坚信他总有一天会再次变为好丈夫。对于这种依赖，克莱尔已经开始动摇了，对玛格丽特没有自尊心的行为非常瞧不起。但是，他既是玛格丽特深爱着的人，那么，可以采用的最佳态度好像就只有这个了。如今，克莱尔感觉她蠢笨至极！她原本应当激励玛格丽特，劝她与自己的丈夫分开。

然而，她过去对待朋友的态度问题并不是目前让她产生困扰的原因。她震惊于自己和玛格丽特有着出奇类似的境况，并因此受到惊吓，从睡梦中醒来。对于自己的依赖，她一直没有去想过。因为清楚显露出来的惊吓，她意识到自己也受困于一条相同的小船。她对一个男人产生了迷恋，并因此没有了自尊心，她并未得到这个男人的真爱，他的价值引起了她的质疑。她了解到在与彼得的关系中，她因为难以抵挡的力量的约束而处在被操控的位置，从而导致生活中失去了他就变得毫无意义，难以想象。人际交往、音乐、事业、前程以及生理欲望——他是所有事物中最重要的，决定了她心情的好坏。她把时间与精力消耗在分析他心中的所思所想。不管他有着好的举动，还是糟糕的举动，她都会回到他身边，如同大家所讲的猫最终都会回家一般。她在之后的很多天一直过得非常茫然。这个领悟仅仅是让更加痛苦的枷锁套在她身上，而并不具备任何消除痛苦的作用。

在她恢复了相当程度的平静之后，她对贯穿自己的发现的明确含意进行了研究。对于抛弃恐惧的意义，她有了更深的领悟：这是因为对于她来讲，她的约束是本质的，她非常害怕他们会分开，只要可以保持依赖，她就会一直被这个恐惧操控着。她意识到自己不但把妈妈、布鲁斯以及自己的丈夫视为可以崇拜的英雄，还对他们非常依赖，正如她对彼得非常依赖那般。她意识到，相比与彼得分开的恐惧，只是觉得自己没有了自尊这一点并不代表着什么，因此她将永远不会期望获得任何庄重的尊严。然后，她了解到对于彼得来讲，她的这种依赖同样是一种危险与压力。对于让她快速消除对彼得的敌视情绪，这后一种领悟是非常有帮助的。

她了解到自己与大家的关系因为这种依赖而受到了伤害，因此她采用了一个明确的反对依附的态度。这一次，对于因为分开而出现的绳结，她甚至都没有下定决心将之剪断。首先，她清楚这一点自己难以做到，并且，在与彼得的这段关系中，她觉得已经知道自己可以处理这个问题了。对于这一关系，她让自己坚信依然存在应当维持与培育的有意义的东西。在她看来，完全能够在更加正常的基础上创建它。如此一来，在随后的一个月，她不但持续展开精神分析，并且还进行了实际的努力，竭力想要重视彼得对时间的要求，同时用更加独立自主的方法把自己的事情处理得合情合理。

可以肯定，克莱尔在这一阶段的精神分析过程中获得了非常大的进展。的确是这样，她已经独自一个人将另外一种神经症倾向挖掘了出来——第一种是她强迫的慎重——对于存在着的事物，这种倾向是确凿无疑的。有关自己强迫的性格和这种性格给自己的爱情生活所带来的伤害，她已经了解到了。但是一直到现在，她依然不知道它通常是怎么对自己的生活进行约束的，她对它的恐怖力量仍旧一无所知。如此，她就高估了自己已经得到的自由。在这儿，一般的自我欺骗操纵着她，认为对一个问题有所认识，就相当于消除了它。事实上，这种解决她和彼得关系的方法只是一种让步。有关这种倾向，她很希望可以局限在一定的范畴中，不管她对他有着多么清晰的印象，这种限制性的大小、固执程度要远远大于她所坚信的，就好像不久之后即将见到的那样。她也低估了自己想要摆脱他的努力。她见到了它，不过期望可以使用改变自己对他的态度的方式诱使他回头。

她在几周之后得到消息，知道有人传播了对她不利的谣言。她非常清楚，她的计划并没有因此而被打乱，不过她却做了一个梦。她梦见了一片一望无际的沙漠，里面建着一间铁路信号所。这间铁路信号所一直伸展到一个简单的月台，月台周边并未搭建任何栅栏扶手。另外，在信号所的边缘还站着一个人。她醒过来的时候稍微感到一些焦虑。

她感觉这片沙漠有些寂寞冷清与危险。这让一个恐慌的梦浮现在她脑海中，她梦见自己漫步在一座桥上面，这座桥的中间坍塌了。对于她来讲，那个信号所边缘的人影仅仅是一个孤单的标志，事实上，她觉察到了这种孤单，因为彼得已经好几个星期没有回来了。在那个时候，“两个人置身于荒岛上”这句格言浮现在她脑海中。这让她产生了偶尔才会有的想象，想要与深爱的男人在一起，并且生活在山中或者海边的一栋简陋房子中。这样的话，她第一个梦所代表的就是她对彼得的期望，和她可能失去他之后的孤单感情。因为前一天收到的汇报，她也知道自己的这种感觉加强了，即因为那些谣言诽谤，她也意识到自己肯定会有些担忧，而且让她更加需要保护。

她在对自己的联想过程进行认真检查的时候感觉非常怪异，梦里面出现的那个信号所为何丝毫都没有引起她的注意？一个形象浮现在她脑海中，这个形象的出现是偶然的。她一个人在沼泽地中央的圆柱旁边站着，从沼泽地中伸出了一些手臂跟魔爪，他们试图去抓她，好像打算将她拉下来。就只有这些东西出现在这个幻想中。这是唯一的一种情形。她始终都没有太过关注，仅仅见到了它最显著的含义：因为害怕自己会被拉进肮脏的事物中，所以内心感到恐惧。这种恐惧因为这种谣言诽谤而再次产生。不过，这种情形的另外一面，也就是将自己置于他人之上的一面，再次浮现在她面前。这一面存在于那个信号所的梦中。这是一个凄清、荒凉的世界，不过她屹立其上。她不会被这个世界的危险波及。

如此一来，那个梦就被她理解为这么一个含意：因为谣言诽谤，她感觉非常委屈，而且，为了找到一个庇护所，还摆出一种高傲的态度。她在一个孤立的高台上站着，吓得浑身发颤。由于那并不是一个安全的地方，所以她急需在这座山丘上支撑她的人。然而，由于她找不到能够依赖的人，她害怕了。几乎是在一瞬间，这个发现的更关键的含意已经被她意识到了。一直截至现在，她所知道的就是她自己不具备抗力，并且分析决断的能力匮乏，需要被别人支撑和保护着。她此时感悟到，在有的时候，她就会有些动摇，趋向于另外一个极点，成为一个高傲的人。她在这种情形下就需要一个保护者，就像她在不自信的时候所感受的那般。在她看来，她已经看到了一个将她捆绑在彼得身上的新远景，所以，将这些捆绑消除的新的可能性也就会形成，因此她内心产生一种莫大的解脱感。

其实在这一解释中，对于自己为何必需感情方面的支撑，克莱尔已经认可了另外一个原因。有关这方面的问题，她一直没有发现合理的原因。她依然极大地抑制着自己由高傲、轻视别人、凌驾于别人之上以及需要超越别人等构成的整体个性，一直到现在，它只能被直观感觉的光芒照亮。甚至在她尚未展开精神分析的时候，她已经偶然了解到自己要对别人不屑一顾，并且在所有成功上都扬扬自得，期望她可以成为自己想象中的那种人，这种领悟是迅速消失的，与此时所产生的领悟完全相同。然而，这整个的问题依然遭受到如此深刻的隐藏，从而导致它的表现几乎不能被理解。它就仿佛忽然被照亮的箭射向了深渊，没过多久就在黑暗中隐没了。这样一来，也就没有办法见到这一连串的关联。除了她在缺少彼得陪伴时的寂寞之外，她一般的孤单也从沙漠这一信号里传递出来，这全都是她极度孤单的表现。对付这种情况，不同寻常的高傲态度既是一个可靠的因素，也是其形成的后果。让她自己属于一个人——“两个人置身于荒岛上”——除了她和普通人的关系一定要得到解决以外，这种方式可以避免这种孤单。

对于彼得，克莱尔如今觉得自己可以用一种更好的方式来面对。然而没过多久,她的问题因为一个双重打击而上升到了最极端。一个打击是她间接得知彼得正在或者已经与另外一个女人关系暧昧了。在她收到彼得写给她的信，上面说假如他们分手将会对彼此更好的时候，这个打击才逐渐被她接受。克莱尔的第一反应是向上帝道谢，因为没有在更早之前出现这种事。她此时觉得，它是她可以接受的。

实情与自我欺骗的混合物就是第一反应。这一混合物的真实情况就是，对于这种重压，几个月以前的她是难以接受的，那个时候也并不存在对她的重大伤害。她在这几个月发生了改变，这种改变不但证实了它是她可以接受的，并且变得与整个问题的解决更加靠近了。然而很明显，是因为这个事实，也就是她并未让自己的防御盔甲被这一打击打透，所以才形成了这第一个按照事情的真实情况而有的反应。假如抵御外壳当真被打透了，她在之后的几天就会产生强烈的失望，感到非常混乱。

她在对自己的反应进行分析的时候情绪异常烦躁，这是情有可原的。人们在遭遇住宅起火的情况时，第一反应是赶快逃跑，而不是仔细追究其缘故以及后果。在过了两周时间之后，克莱尔曾经在几天时间内一直有想要自杀的想法，尽管并未将一个严肃企图的特征显现出来。这一反应马上就引起了她的关注，她仅仅是徘徊在这个想法的周围，在那个时候，她不知道自己到底是想要死还是想要活，但此时她断然地就这一问题责问自己。确实，她并不想死。假如她想要去死，作为一朵已经开败了的花，她不但必须要掐灭自己对彼得的热望，将她在没有了他之后就会生活得非常混乱这种感情消除，而且还要将她整个强迫性依赖问题的本质解决掉。

只要这种清楚的结果出现在她脑海中，也就形成了一种出乎意料的激烈拼搏。有关她想要和另外一个人结合的力量，也唯有在这个时候她才会感觉它仍是那么强烈。这种愚蠢的事情再也不会发生了，说“爱”就是这样的：她意识到这与一个有毒瘾的人毫无二致。她有了一个十分清晰的认识，在应付依赖问题方面，能够使用的办法只有两个，也就是再去寻找另一个“同伴”或彻底将它打败。不过，她可以将它打败吗？生活得毫无依赖性是有意义的吗？她竭力发疯了似的、伤心地想要把自己劝服：毕竟她在生活中得到的很多东西还是非常美好的。她的家庭不够美满吗？她不满意自己的工作吗？她没有交到朋友吗？音乐与自然是她无法欣赏的吗？她并未对这些进行分析。正如让一场音乐会中断一般，这一切都是毫无魅力的，不值得一提。中断没什么大不了的——大家能找让自己满意的时间刻意进行安排，直至又一次奏响音乐——不过，任何人都不会特意观看中断。此时并不适合使用这种推断，所以这种念头仅仅是让她受到短暂的震惊。这是一种占了优势的感觉，所有真实的改变都超过了她的能力范畴。

最终，一个念头在她的脑海中形成了。虽然它是十分幼稚的，不过还是带来了一个非常好的希望。它是一个格言,形成于古时候，一直重复称“我不可以”等同于“我不想”。她可能仅仅是不愿意在另外一个基础上建立自己的生活。对于生活中所有的其他事情，她可能主动表示不愿意让其发生变化，正如一个孩子在得不到苹果馅饼的情况下不愿意吃一切食物那般。她既然已经对自己的依赖性有所了解了，那她也就知道自己在仅有的关系中受到了彻底约束，这对她的精力是有损害的，因为她无法留给别人什么东西。如今她意识到，相比纯粹地以兴趣为起始点，这样反而更好。她对自己在自己身上所做的事情或所有人进行否定，不过，并非那个“深爱的人”对自己做的事情，而且降低了这所有事情的价值。如此一来，她第一次逐渐了解到自己是如何在整体上深深感悟的：对于那仅有的关系以外的所有东西，她都故意降低了其价值，这样肯定会让关系中的伙伴变成最主要的人。而在更普遍的意义上，她本人与别人的关系并没有得到这仅有的主要之人的亲近。最后，这个慢慢清楚的领悟被证明是完全正确的，这不但让她感觉惊讶，并且对她进行了激励。在她自己身上，假如那些阻止她摆脱约束的力量发挥了影响力，她可能还可以做一些事情让她的约束发生变化。

克莱尔心中感到混乱这一阶段结束了，她得到了充满希望的重生，而且再次打起精神，将问题处理好，不过很多新问题又产生了。假如她依然会因为彼得的离开而感觉非常烦躁，和她过去没有什么区别，那之前的精神分析工作就是毫无意义的。和这相关的问题有两个。

一个问题是过去的精神分析工作的缺陷。这一事实已经得到了克莱尔的证实，她是强迫性的依赖，而且已经对这种情况的某些含义有所了解。不过，她依然要走很远的路才能将这个问题真正抓住。假如一个人对已经完成的工作的价值有所质疑，那这个人就会犯错误，并且这种错误与克莱尔在尚未抵达顶峰时整个期间所犯的错误完全一样，把特殊神经症倾向的含意弄明白，才可以期待马上可以轻易地有所收效。

另外一个问题是就整体来讲的，建设性实质本身就是最后的突变。它代表着发展路线的顶端,其起点是对所包含问题的一无所知，从对不认可它存在的最强大的无意识的意图，最后发展到对它的强度全然认可。她因为这一顶端而了解到自己的依赖如同一颗毒瘤，无法维持在一个安全的范围内（让步），为了避免人们遭受重大危险，而不得不将其连根拔起。克莱尔在强烈痛楚的重压之下，也敏感地觉察到了能够感知的发病部位，而且在里面展开了成功的冲突，而在以前，始终从未觉察到这些发病部位。对于应当不再坚持她的依赖和应当继续保持依赖，她丝毫没有意识到这两者已经不再有联系。在以前她对彼得的让步中一直隐藏着这个矛盾。她如今已经可以直接面对它，从她想要进行的方面来讲，或许会采用一种清楚明了的态度。现在在引起关注的这一方面，她使用举例的方式对上一章讲到的一个真实情况进行证实，有必要在精神分析的某个阶段采用一种态度，做一个决定。假如矛盾在经过精神分析工作之后变得非常清楚，那患者可以完成这一点就应当被视为一种收获。自然，在克莱尔的例子中，对于那个已经消失了的支撑，她是不是竭力使用一个新支撑去代替了，这才是问题。

毫无疑问，在遭遇问题的时候使用那种不退让的方法，这实在是让人烦闷不已。在这儿，产生了另外一个问题。克莱尔的经历存在一个非常大的危险——自杀，假如不接受精神分析，是不是就会降低一些危险？为了对这一问题进行分析，有必要对她过去曾经多次试图自杀的念头进行关注。无论如何，她绝不会如这次的行为这般断然终止自杀想法。在过去，由于一些“让人开心”的事情的出现，它们的影子简单地渐渐隐藏起来。如今，她积极主动并自发性地用建设性精神将它们打倒。并且,就像先前所讲的，她因为没有更早失去彼得而充满感激的第一反应，是她由衷地觉得此时的自己已经不会被彼得的抛弃打倒。所以可以说，假如没有接受精神分析，她将会有着更加强烈的自杀念头，并且这种念头还会持续更长时间。

最后一个问题，克莱尔在尚未承受失去彼得这一外界重压的情况下，对自己毫无秩序的严重性是不是意识到了？对于在分开以前就有的发展，克莱尔已经经历过了，所以，她绝不会让根本难以站稳脚跟的妥协方法一直停下来，不过可以想象得到，总有一天会停下来。在另外一方面，获得最终解脱的过程中，压力会产生强大的反抗力，那么在一定的时间内，她就越发可能持续做出更大妥协。假如与精神分析的态度没有关联，那这就会是毫无用处的空话，可以说是无关紧要的，而对于精神分析来讲，这种观点是精神分析师与患者常常会有的观点。这只是假想中的一种态度，所有问题都可以凭借精神分析得到处理。不过，在大家使用这种全能方式着手治疗的时候，却忘掉了一点，即最佳治疗师是生活本身。让人们接纳生活所给予的援助，而且从其中获得好处，这才是精神分析可以做到的。这一工作已经在克莱尔的例子中确切地做到了。假如她不曾进行精神分析，她大概就会抓住所有机会去寻找下一个新伙伴，如此，肯定会保持相同的经历形式。关键问题是，在缺乏外界帮助的情况下，她是不是可以让自己不受约束，并且在得到帮助的时候，她是不是可以让自己得到建设性经历。她正是这么做的。

在这一阶段，在克莱尔所发觉的情况中，最关键的是她发觉她曾经主动对自己的生活表示不赞同，体会自己的感受，思考自己的想法、自己拥有兴趣跟安排，总而言之，她反对做她自己，反对寻找自己的重心。这种发觉不同于她的其他发觉，绝对是一种感情上的领悟。对于这一点，她并未使用自由联想的办法来达成，所以也缺少可以予以证明的证据。有关这些不赞同因素的本质，她不具备丝毫细微感觉。她仅仅觉察到它们是存在的。对以往的事情进行回想，我们就能够了解她为何几乎无法再靠近那个目标。她与这类人有着相似的情景：守卫国家与抵抗敌军的需求驱动着他，在一个新的基础上安置他的整个生活。克莱尔必须改变她对自己的根本观点，让她与其他人的关系发生变化。自然而然的，这个展望的复杂性把她搞得迷迷糊糊的。不过，无论她下了多大的决心来处理依赖问题，造成这个心理障碍的最主要原因，依然是因为强大的潜意识力量阻止它获得最终解决。她与这个最终解决相同，都在对待生活的两种方式之间徘徊着，既未下决定从原来的生活中脱离出来，也未下决定去寻找新生活。

在之后的几周时间内，产生了快速的感情波动、起伏以及徘徊。她常常犹豫不决，一方面，相比很早之前的经历与痛楚的关键点，她与彼得在一块儿时的经历以及因为这一经历所遭受的一切痛楚与之完全相同，不停地显现出来；在另外一方面，她又十分期望可以诱使他回头。在那个时候，她感觉自己身上好像存在一种冰冷无情的态度，并且高深莫测。

在之后一段时间中的某一天，她独自一人离开了音乐会场，返回家中，她感觉自己的情况要比所有人都差劲。但是，她还争辩称别人一样是孤独的。这不错，但独自活动是他们热衷的事情。那些面临灾祸的人有着更加悲惨的情况这也没错，不过身在福利院的他们是受到关爱的。那些下岗者有着什么样的状况呢？没错，尽管他们面临着非常糟糕的情况，不过他们是已婚人士。她忽然发觉自己在这一方面的争辩方式非常滑稽。事实上，并不是全部下岗者都非常开心地步入了婚姻的殿堂，就算他们已经结婚，婚姻也不可以将所有问题都解决。她承认有一个诱使她说服自己将苦难夸大的因素一直在起作用。在驱除了这片让人心烦的乌云之后，她感觉浑身轻松。

在她对这件事进行分析的时候，主日学校的优美歌声浮现在她脑海中，不过这首歌的歌词她无论如何都想不起来。随后是一个骤然发生的事，她不得不进行阑尾割除手术。之后“最穷困的情况”在圣诞节公布了。之后是一幅巨大的图片，上面是冰川的大裂缝。接下来，是一部电影，她见到了电影中的冰川。在最后时刻，掉入裂缝中的人获救了。接下来，是她八岁左右的一个回忆片段。躺在床上的她不停地喊叫着，然而她并未引起妈妈的注意，那时候实在是一种难以想象的状态。在这以前，她不清楚自己与妈妈是不是发生过争吵。她的痛楚必然会打动妈妈，这是她所有回忆都坚信的。事实上，她妈妈始终没有过来，她进入了梦乡。

没过多久，主日学校优美歌声的歌词出现在她脑海中。歌词里面说，不管我们有着多么强烈的痛楚，只要我们祈祷上帝，就可以获得他的援手。她突然发现了通向她的其他联想和在它们之前的夸大苦难的关键情节：她期望着最严重的烦恼可以引发出帮助。因为这个下意识的信念，她让自己比原来更加痛苦了。她这样做了，并且屡屡这样做，简直傻得惊人。她的确在叫喊的过程中那样做了，顺道讲一句，这种状况已经不再继续了。一些场景浮现在她脑海中，在那个时候，她感觉自己受到了最大的羞辱，她只是在之后的一段时间方才意识到，其实她把事情做得更加差劲。在她深陷这么糟糕的情况中时，不管怎样，不幸的原因看起来甚至感觉到是真的。她在这种时候经常给彼得打电话，在一般情况下，彼得也感觉她非常可怜，而且伸出援助之手。他在这方面简直是她可以依靠的人。她在这种情形下比较不会感觉失望的人就是他。也许，相比她已经了解到的束缚，这是另外一种更加紧要的束缚。不过在有的时候，就彼得表面上的作用而言，她并未因为他而变得悲惨，而且她还因此遭到彼得的嘲笑，好像她小时候遭到妈妈与哥哥的嘲笑那般。她此时感觉受到了严重的羞辱，因此对他发了很大脾气。

没错，存在一个清楚明了的、一直重复做相同事情的形式——夸大困难，并且希望获得援助、宽慰以及激励，其来源是她妈妈那里，上帝那里，布鲁斯那里，她丈夫那里，以及彼得那里。她所扮演的角色长时间遭受苦难，潜意识地就已经在请求援助了，别的事情就更不用说了。

如此一来，对于她的依赖的另外一个关键情节，克莱尔就倾向于表示认可了。她大概是在一天之后开始以两件事为根据，对她的发觉进行反驳的。第一件，是在遭遇困境的时候希望获得一位朋友的友情，这也是非常平常的事情。友情的意义何在？假如你非常幸福，非常满意，那你就获得了所有人的友好对待，然而，在你感觉伤心难过的时候，朋友是你唯一可以找的人。一个让人疑惑的问题是证实她的发觉无法成立的另外一个根据，对于出现在那天晚上的灾难，她不相信这一发现是适用的。能够确定她夸大了自己的悲惨程度，不过她唯一可以做的就是给彼得打电话，而没有办法跟其他人倾诉。她绝不会如此不理智，以至于坚信要想得到帮助，就必须让自己感受人世间最大的痛楚。如果她接到别人打来的电话，也收到别人的邀请，让她出去，那么她就会答应后者。她会受到工作方面的表扬，还会因为收音机中的音乐而感到兴奋。

对于她正在替两个彼此冲突的见解争辩这一点，她并未觉察到：她希望在感到痛苦之时，最终能得到帮助，这是不理智的；这种行为是理智的。不过，过了几天之后，她在又一次阅读记录的时候意识到了这一冲突，那个时候她所得到的可以感知的结果只有一点点儿，也就是她不得不努力劝说自己，让自己放弃一些东西。

在现有基础上解释她产生混乱的理由是她的第一个努力。这个现有基础就是，她意识到自己所做的一些事情都是如此的缺乏理智，从而导致渴望获得魔法般的援助——不过她并未因此而感到满意，对于这样的不理智，她感觉到一般的憎恶。顺道讲一句，这一线索是非常关键的。假如一个人在别的方面具有理性，并且我们发觉他身上存在一个方面是不理智的，我们可以坚信有一些关键性的东西隐匿在这种不理智的后面。在一般情况下，其实常常提到的反对无理性品质的抗争是一个要将隐藏隐秘事情的盖子揭掉的抗争。在这里，同样适合使用这种观点。不过，就算这种根据是不存在的，在不远的将来，克莱尔依然会感悟到真正的障碍是对她的发现进行阻止的抗力，而并非不理智本身。事实上，她已经获得了她可以凭借痛楚的方式得到帮助这一信念的大力支持，对此，她表示认可。

对于她从这个信念那里所获得的支持，在随后的几个月时间里，她以一个渐渐增强的清晰度非常详尽地见到了。她得知自己下意识地倾向于产生一个比较大的改变，从而将产生于她人生中的所有灾难都解决掉，避免让自己深陷孤立无援的处境，最终导致无论从表面上看是如何的勇敢跟有主见，她当时对生活的感觉总是觉得在难以抵抗的遭遇面前无依无靠。她坦白深信自己总会获得帮助，这已经变成了个人的一种信念，这种信念完全类似于真实的宗教信念，它使她产生了充足的自信心。

就程度来讲，克莱尔已经得到了一个深刻的领悟，也就是她对自己的依赖已经完全被对其他人的依赖代替了。假如她一直可以得到别人的教导、激励、劝解、援助以及保护，对她的价值给予肯定，那对于超越自己、掌控自己生活的焦虑，她就完全不具备为之努力的任何理由。如此一来，依赖关系要做的工作也就完成得非常彻底。听任她觉得不必依靠自己处理生活，因此，她因为依赖而失去了任何真正的刺激，从而导致不再拥有少女状态，产生强迫的谨慎。事实上，依附不仅使她的刺激窒息，使她的懦弱继续存在，而且实际上还产生了一个舍弃无依靠状态的兴趣。假如她继续维持谦卑顺从与不自信，那么她就会拥有一切的快乐与成功。对人间极乐世界的期待，所有试图拥有更多独立自主与更强自我决策和判断是非的能力的念头都一定会对其造成危害。顺便说一句，这一发现能够对她第一次提到自己的观点与表明自己的愿望时的恐惧感进行说明。她不但因为强迫的谨慎而得到了非常隐秘的避难所，并且，它同样是她的“爱”的希望必须要具备的基础。

她领悟到这完全是逻辑的结论，她的同伴，她将魔法般帮助者的奇妙作用的功劳归于他——用埃里希·弗罗姆的话来讲——成为最重要的人，仅有的重要事情就是获得他的思念与爱情。彼得凭借他特有的才智与能力——很明显，他位列帮助者之中——十分适合扮演这种角色。就算在她真正痛苦的任何时候，她都可以把朋友叫过来施与援手，但对于她来说，他要比这样一个单纯的朋友重要多了。彼得是一件工具，她可以按照自己的需求来安排他的工作，因为她有着非常多的需求，这才是彼得的重要之处。

这些领悟的结果就是，相比过去，她现在感觉更加随意自在。一直以来，她都有着十分热烈的对彼得的殷切希望，如今这种殷切希望消退了。她的生活目标因为这一领悟而发生了真正的改变，这才是关键所在。在以前的时候,她一直是有意识地期望自力更生，不过现实生活中，这种期望依然泡汤了，一遇到困境，哪怕那困境是非常微小的，她仍旧祈求援助。如今她已经有可能将自己的生活安排妥当，以求达成生机勃勃、活力四射的目标。

对于这一阶段的精神分析工作，唯一的不足之处就在于忽略特别阶段所含有的特别问题：克莱尔没有能力独自进行生活。我想将我追求一个问题的态度体现出来，不想让它就这么轻描淡写地溜走，所以我想提出两个有点不太一样的方法。在这两个办法中，或许已经与这个问题稍稍靠近了。

对于这种问题的缘由，也就是近一年时间里，她感到痛苦的频率明显降低了，克莱尔或许已经着手进行考察了。它们已经降低到了这种地步，对于种种外界或者内部灾难，她自己已经可以更加积极主动地进行解决了。一个问题因为这一考察而产生，那就是她为何一定要将以前的办法使用在这一点上。如果她只是感觉不开心，那孤单为何会把这么一个难耐的痛楚引导出来，导致需要马上进行医治？假如孤单的生活是这么的难熬，那她自己为何不可以主动去做一些事情来消除痛楚？

克莱尔或许已经着手对自己的真正行为进行考察了。在孤单的时候，她觉得非常难受，不过在交朋友或培养新的关系方面，却几乎无法进行丝毫努力，因此她的衰退的冷淡态度以及对魔法般帮助的期待依旧无法取代。不管在别的方面克莱尔有着多么敏锐的自我观察，却依然忽视了她在这一点上有着怎样滑稽的真实行为。这一轻率的缺点非常明显，一般会将一个具有强大潜力的、受到抑制的因素显露出来。

不过，就像我在上一章所讲过的，假如一个问题被我们忽视了，那我们就会遭到它的干扰。克莱尔在几周后受到了这个问题的困扰。通过我的暗示，她凭借稍微有些不一样的思路获得答案。我已经指出，在心理学问题方面要将一个真实情况阐述清楚，同样存在几条通往目的地的大路。有关她精神分析里面的这一部分，既然不存在书面报告，我只有将造成新的领悟的程序简述一番。

她首先坦白，了解自己的唯一方式就是根据其他人的反应。这种方式让她意识到，她评价自己的方式左右了其他人对她的评价。克莱尔已经忘了自己是怎样形成那种领悟的了，她只知道她忽然受到了那种顿悟的强力震撼，并且险些昏过去。

有一首儿歌非常精准地阐明了这一顿悟的含义，我深受这首儿歌的魅力影响，必须要引用它：

一位老太太，
我曾经听闻哎，
她打算逛市场，
去卖掉鸡蛋。
她打算逛市场，

只要一有集市就过去，
她在马路旁边睡觉，
每次都这样。

一个小商贩过来了，
名字是斯陀特，
把她的衣裙撕开，
围绕着她转。
把她的衣裙撕开，
将她的膝盖压下来，
这位老太太，
浑身发抖并且有些呆滞。

这位老太太，
才刚清醒过来，
她浑身开始发抖，
随后就吓傻了。
她大声惊叫，
随后又叫嚷起来：
“同情同情我吧，
我不是这样的呀。”

“如果我是这样的，

我也期望呀，
家里养着小狗，
它非常了解我。
如果我是这样的，
尾巴来回摇摆着，
如果我是这样的，
疯狂大叫并悲伤。”
小女孩来到家里，
全都偷偷埋藏，
小狗蹦蹦跳跳，
立即开始咬。
它疯狂大叫，
她大声叫嚷：
“同情同情我吧，
我不是这样的。”

第二步骤在之后的两周时间里展开了，更加直接地与她对孤单生活的厌恶产生联系。自打她对“个人信仰”进行研究之后，她已经改变了对这一问题的态度。她依然感觉独自生活的痛楚程度与过去相同，非常严重，她并未对孤立无援的痛楚妥协，反而主动地采取了避免孤单的行动。她试着结交别的朋友，从中找寻快乐。不过，大概过了两周时间，一个想法就彻底纠缠住了她，即她一定要拥有一个关系非常亲密的朋友。在她看来，似乎是在对理发师、裁缝、秘书或者已经结了婚的朋友等她所见到的全部人进行提问，问他们知不知道哪个男人是最适合自己的。她怀着非常强烈的忌妒注视所有已经结了婚的或者拥有一位关系密切的朋友的人。这些念头所形成的对应结果就是她获得了非常大的震撼，让她知道这全部的情感既是悲哀的，又显然是强迫性的。

她唯有在这时候或许才能意识到自己并没有能力独自生活，在她依然与彼得交往的时候，这种羸弱就被大大地增强了，并且还在分手之后上升到了顶峰。她坦诚,假如是她自己选择要独自生活，那她是可以忍受的。假如是被迫选择的，那她只会感觉痛苦异常。因此,她感觉不再受宠,不被需要,不被接受,遭到排挤。如此一来，她就认可了问题在于一种被遗弃的敏感，而并非普通的没有能力独自生活。

将这一发现与她认可的，别人的评价完全决定了她对自己的评价这一问题相互联系，她明白了，她单纯地认为缺乏关怀就代表着遭到卑劣之人的遗弃。这个对于遗弃的敏感以及她对那些遗弃她的人是不是喜欢的，仅仅是让她的自尊心受到了影响，她深刻地感受到这一敏感是由于对大学时代的回忆。大学中有一群女孩非常势利眼，她们创建了一个十分亲密的团体，并且将她排除在外。对于这些女孩子，她既不尊敬，也非常厌烦，不过在有的时候，她还是会把自己的所有东西送给她们。克莱尔在这种情形下记起来，她也是被排除在自己妈妈与哥哥亲密无间的关系之外的。她通过发生的很多事情意识到，在他们看来，自己只是一个非常惹人厌恶的人。

对于此时被她发觉的这一反应，她感悟到其起始时间实际上是她不再对轻视对待进行抵抗的时候。她在这一点上和别人是相同的，曾经发自本能地充满信心，本能地不愿得到低等人的待遇。然而，因为她在生活中的长时间抵抗，从而导致她难以避免地变得孤单，并且严重到她无法忍受。正如在第二章提到的那般。为了得到其他人的接纳，为了不再受到排斥，她就妥协了，对绝对的裁决予以了认可，认可她是下等人，并且开始称赞其他人比她高一等。在不可抗拒的强力压迫下，她的尊严第一次遭到了打击。

然后她了解到，因为彼得的离开，不但让她在依然非常想要依赖的时候独自一个人去将问题解决好，还让她形成了一种自我感觉没有任何价值的感情。之所以会对分开后果造成重创，就是因为这两个要素的结合。毫无价值的感觉令她不堪忍受独居的生活。首先，这一感觉需要一个魔法般的补偿，所以就导致一种强大愿望的形成，为了让自己得到彼得相似的关系，从而期望拥有一个朋友，并且跟他的关系非常亲密。因为想要男朋友的愿望不再拥有强迫特征，让她可以非常平静地独自一个人生活。甚至在有的时候，她还会感觉非常享受。

她也见到了在与彼得的悲惨关系中以及在受到拒绝的时候，自己的反应是什么样的。她通过对过去的事情进行回忆而意识到，在首次快乐激动过了没多长时间，彼得就开始用一种闪烁其词的方式来抛弃她。他已经越发明白地经由自己的撤离方式以及易怒表现来暗示她，她现在对他来说是多余的。自然，与此同时，她从他那里获得的爱的保证隐藏起了这个退却，不过，正好是由于她欺骗了自己，并未发觉他已经有迹象想要抛弃她，这个退却才可以隐藏得这么成功。并不是她对自己应当了解的东西有所了解了，而是为了留住他，她不停地加强这种努力，这一努力取决于一个强烈要求恢复尊严的愿望。此时她已经非常明白了,也就是说，相比别的所有事情，让她的自尊心受到更加严重的伤害的是这些为了不让自己丢面子的艰辛努力。

由于这些努力不但包括对彼得的愿望不进行批评的妥协，并且还包括她潜意识地夸大了对彼得的感情，所以它们是非常不利的。她意识到自己对他的真情越是减少，她就越是增强一个虚假的感情，如此一来，也就让更大的约束降临到自己身上。对于夸大感情的倾向，她因为领悟到形成“爱”的需求而有所降低，不过她的感情仅仅是在此时才迅速减弱到了它们的真实高度。在她发现的一切真实的感情中，她感到自己对他并没有多少真情。因为这一认知，她的内心产生了一种短暂的平静感。在对待彼得方面，她采取了一种非常平静的态度，而并非徘徊在殷切渴望彼得与意图报复这两者之间。对于他的才智与能力,她仍旧会大加赞赏，不过她非常清楚，她绝对做不到再次与他非常亲密地交往。

克莱尔凭借汇报的这一最后发现，从另外一个全新的角度将依赖问题紧紧抓住。她将这一问题的研究工作牢牢抓住，能够总结为一个慢慢了解的过程，也就是慢慢了解到她是具有依赖性的，而她对同伴的强烈期待就是产生依赖的原因。她逐步对这些期待的实质进行了解，而研究“个人信仰”就是这一工作所造成的最终目的。如今，她更进一步地见到了她的本能自信心的丧失是如何用一种更加直接的方式助长这种依附的。别人的评价完全决定了她脑海中对自己的印象，对于这一点的领悟是这个观察中最重要的发现。和这一领悟有着相同的价值，最终结果就是她受到了重击，这一重击让她险些昏过去。因为了解到这种倾向的感情，从而让一个十分深刻的经验出现，以至于它几乎在顷刻间就让她妥协了。这一直观感觉自身是无法将问题解决的，但它是认识她感情夸张和她的自我遗弃所造成的深远影响的基础。

这一阶段的精神分析工作为之后她如何了解克制奢念的问题开创了前进之路，让她意识到，一种增强她被摧毁的尊严的方式，一个凭借超越别人，奢望从另外一个方向达成的愿望，才是可以被别人接纳的。

在这儿汇报的工作结束之后，没过几个月，克莱尔再次返回，接受了精神分析治疗。她之所以会这样，一部分是因为她想要跟我讲所有的事情，另一部分原因是她在进行带有创作性质的写作时，依然存在着压抑。正如第三章中所提到的，我们使用那一段话完全阐明了她想要超越别人的需求，或者使用更加通俗易懂的话讲，是她的压抑的上进与报复的倾向。对于这个工作，我坚信她是可以独立完成的，尽管或许要花费更久的时间。研究抑制的上进的倾向，反而对认识依赖有着非常好的帮助作用。并且，根据她更加确定的陈述，它将可能依旧存在的所有危害都清除干净了,而这些危害或许会导致她另外一种病态依赖关系的发作。不过，从本质上来讲，她独自展开的精神分析打击了她和同伴完全协调一致的需求所施加在她身上的力量。

第九章
系统自我精神分析的态度和规则

对于精神分析工作，我们既然在很早之前就已经从几个角度进行了探讨，而且根据一个广泛而详细的例子，见到了自我分析的常规步骤，那也就不需要再具体讨论自我精神分析的方式——再次讨论一遍的确是没有必要的。因为这个原因，在下文中，我们只对在自我精神分析工作中应该重视的一些问题进行重点考察，它们中的许多问题在别的地方已经提到过了。

就像我们已经见到的，所有精神分析工作的起点与持续进行的基础就是自由联想以及直白的自我表述过程——自我精神分析完全类似于专业的精神分析——不过，想要做到这一点是非常困难的。我们可以这么认为，在独自一个人展开上面所讲的工作时，使用这种方法或许更加简单，因为绝不会有误解、责备、干扰或者报复的人在那个时候现身，并且，将自己比较害羞的事情讲出来也没有多么丢脸。这种做法在一定范畴内是正确的，也就是对于患者来讲，旁边有人陪着，可以聆听自己的陈述，这也是一种刺激与支持。可以肯定，不管是独立工作者，还是对精神分析师产生依赖的人，一般来讲，自身才是自由表述的最大障碍。假如一个人如此殷切地希望对一些因素进行忽略，殷切地希望自己原先的形象可以维持下去，那不管他是不是独自一个人工作，都只能期望与自由联想的水准靠近。考虑到这些困难，正在独立进行自我精神分析工作的人就应该时刻警示自己，假如他把任何新出现的企图或者情感遗漏了，或者清除了，他的做法其实是在损害自己的切身利益。并且，他应当牢记，自己是全然担负这一责任的人，他自己是唯一一个可以推测出失去的联系或调查出被揭露的缺点的人。

表露情感最关键的就是坦诚。应该将这两个规则牢牢记住：第一条，这个人应该竭力将他真实感知到的东西表现出来，而并非根据传闻或者依照他个人的标准假想出的感觉来表达。对于真实情感与虚伪情感之间的距离，他起码应该清楚那是十分广阔和重要的，应当不时问自己——不是在进行自由联想的时候，而是在这之后——他对这件事有着怎样的真实感觉。另外一条规则，他应该像他或许可以做到的那般，将他的情感自由排序。对于这一点，总是说起来简单，做起来困难。由于遭受了表面上的些许羞辱，就感觉受伤了，这或许很是可笑。对靠近他的人不信任或者充满憎恨，或许会让人犯难，并且惹人厌恶。对于愤怒的浪潮，他或许心甘情愿承受，不过等他意识到真的存在让自己感觉到的这一愤怒时，他内心就感到非常恐慌。无论如何，他应该牢记，从被涉及的外界作用来讲，要揭露真正的情感，精神分析的威胁要小于其他情境。在精神分析过程中，唯一发挥影响力的就是内心的结果，这就是对一种感情的所有强度进行了解，在心理学问题方面，这也是非常关键的一点。这就像我们在尚未把人抓住的时候就无法将他处死。

自然，对于已经遭受抑制的情感，任何人都无法强迫其再次形成。对于超出自己能力范围的事情，所有人都无法办到。在克莱尔刚刚接受精神分析的时候，她所抱有的愿望是世界最美好的，相比她真实拥有的对彼得的不满，她尚未感觉到或者表露出更大的不满。不过，随着精神分析工作的逐步展开，她慢慢变得更加能够对自己现在的剧烈感情进行评价。通过我们的观点，对于她从头到尾的整个进展过程，我们描述为她早已感知到的情感的自由成长过程。

另外还需要讲到的一个自由联想方式就是，在进行自由联想的时候，最关键的就是不要推论。在精神分析过程中，推论是占有一席之地的，拥有充足的使用它的机会——这可以在后文中见到。不过，正如早就着重讲过的，自觉性的行为才是自由联想的实质。所以，对于问题的处理，想要展开自由联想的人不应当试图凭借推断来实现。比如，假如你觉得十分疲劳、十分纤弱，以至于你希望可以躺到床上休息，而且宣称你生病了；你在二楼的窗口处往外观望，发现你本人正悲惨地考虑着，假如在那儿，你摔了下来，最坏也就是将一条胳膊摔伤。你因此感到非常震惊。原本在那个时候，你并不清楚自己是非常消极沮丧的，甚至沮丧到联想到了死。你那个时候听到了吵闹声，那是你头顶上的收音机发出来的，你感觉些许生气，想要教训那个打开收音机的人。你得出了正确的结论，在你心情不好的背后，必然感觉非常生气，而且希望泡汤了。

到目前为止，你已经做了一项很好的工作。在一些问题上，假如你觉得是非常愤怒的，那你或许就会发觉它的形成原因，所以你感觉自己已经很少灰心了。如今，对于或许让你生气的原因，你已经着手自发性地去狂热探索了。在你尚未感觉到这么疲惫的时候,你仔细检查事情发生的整个过程。或许会有愤怒被你挖掘出来，不过，这种可能证明了你并未完成自发性的探索研究——在三十分钟之后，真实原因就会出现，在你因为试验没有产生任何结果，并因此感到失望而将有意识的探究放弃之后。

对于自由联想的含义，假如一个人试图凭借推理进行掌控，那么，就算他随意放纵自己的思想，这种行为依然不会有任何结果，就像那种试图强制性获得结论的行为那般。不管他是因为怎样的刺激才那么做，也不管这么做是由于殷切的希望还是想要发散着的才能，抑或害怕自己会对放纵的思想与感情妥协，自由联想所必不可少的松懈都肯定会受到这种理智侵袭的干扰。他或许会因为联想的含义而慢慢自发性地明白，这并不是虚假的。对于这一方面，优秀的事例就是宗教歌曲的歌词终结了克莱尔一连串的自由联想。她的自由联想在这儿显现出一个慢慢加强的清晰度，虽然对于它们，她并未竭力进行有意识的认识。换言之，这两种方式——自我表露与了解——有些时候或许只是凑巧。不过，它们应该严格地维持着分离状态，直到将自发性的努力被加入进去。

假如就这么明确了自由联想和认识两者之间的区别，那人们的自由联想何时才可以停下来，并且竭力去推测呢？值得庆幸的是，毫无规则性可言。只要随意放任思想，它们就不会遭受到理智的人为压抑。早晚有一天，某些比它们自身都要强大的东西就会出来阻拦它们。抑或，患者或许忽然碰触到了那颗有可能让困扰他的事明白显现出来的感情的心。抑或，患者可以轻易从自己的思路中挣脱，这或许是一种抗力的先兆，并且也或许证明，在短时间内他已经详细论述了问题。抑或，仅仅是一个可以让他掌控的有限时间，不过依然想竭力对他的暗示进行阐述。

有关联想的认识，没有非常明确的论题范畴以及构成模式，所以也就没有确定的规则来认识各个分析过程中种种要素的含义。在有关“精神分析师在精神分析期间的作用”一章中已经探讨过精神分析过程中的一些基本规则。不过，因为需求，在对人的机灵、警惕以及专注力等问题进行讨论的时候，还需要探讨很多的问题。所以在这儿，我只打算对早就讲过的内容进行深入陈述，并对马上要解释的内容的精神进行补充。

假如一个人不再进行自由联想，并且为了对这些联想进行认识，从而开始回忆这些暗示，那么此时，他就必然会让自己的工作形式发生改变。不管会有怎样的事情发生，他都不再全然被动地接受，而是变成更加主动的人。在这个时候，他的理智开始发挥作用。而我依然希望以否定的形式将它表露出来：他不再排斥理智。就算是此时，他也愿意不使用理智。在他想要将一连串联想的含意牢牢抓住的时候，实在无法将他应当采用的态度明确叙述出来，不过未必会退化到使用单纯的理智的程度。假如他有利用理智的必要，他能够利用它更出色地下象棋或参与纵横字谜游戏。竭力试着进行各个方面的完美解释，并且将所有或许存在的含意都包含在里面，使用证实他才智出色的方式或许让他满足了自己的虚荣心，不过却远远达不到真正认识自己。这种努力甚至会形成某种危机，它或许会引发一种自我感觉良好的“百事通”的感觉，从而对分析的发展造成阻碍，然而事实上，他却从未与被提及的所有事情靠近，只是划分了一些项目的种类。

具有更重要的意义的是另外一个极点，也就是纯粹感性的领悟。假如并未更进一步地详尽陈述它，那它也是不理想的，因为它让很多有价值的暗示消失于眼前，而这些暗示都还是不明确的。不过，就像我们可以根据克莱尔的分析得到的，某些事能够因为这种领悟而铺陈开。她在自己很早之前的精神分析过程中，曾经产生一股失落感，这种失落感非常强烈，并且和她那个关于国外城市的梦境有关。在那个时候提及，对于更深层的精神分析工作，尽管无法证实这种感情经历是不是能够发挥作用，不过有关她不赞同碰触任意把她牢牢绑在彼得的复杂束缚中的禁忌，或许已经因为这种感情经历的不平静本质而极大地放松了。在克莱尔和依赖进行最后斗争的时候，另外一件事出现了，在那个时候，她感觉她瞧不起由自己掌控自己的命运。在那个时候，对于这种感性领悟的含义，她虽然并未进行理智的掌握，却依旧促使她从冷漠失望的情绪中挣脱出来。

假如一个人正独自展开精神分析，那就应该任由兴趣操纵他的解释，而并非期望科学作品的出现。他应当只对那些他本身受自己关注的、让他兴致勃勃的、撩拨他感情心弦的事情进行追逐。假如他是非常温顺的，任由自发性的兴趣指导着自己，那他就会有理性地坚信，他会直觉地挑选出那些与他最靠近的认识或者和他正在分析的问题相同的内容。

在我看来，这一见解将一些问题激发了出来。莫非宽容不应该得到最大的主张吗？莫非患者的兴趣无法指导他把自己并不陌生的问题弄清楚？莫非这个过程并不代表他对自身抗力的妥协？在解决抗力问题的独立章节中，我将会进行阐述，现在先在这里讲这么多。听从自己兴趣的指导，就意味着采取最小抗力的方法，这的确是没有错的。不过，抗力最小不代表不具备抗力。这个原则意味着追求至少目前依然受到压抑的困扰因素。在进行说明的时候，精神分析师所使用的原理就是这个。就像早就着重讲过的，他将会阐明他觉得患者现在可以全然了解的因素，与此同时，对于依然遭受极大压抑的问题，他将不再参与。

通过克莱尔的整个自我精神分析证实，这一方式的确是有帮助的。她毫不在意，虽然那些在自己身上无法激起任何反应的问题已经十分紧急，她依然从未想到要进行处理。有关凭借兴趣进行指导的原理的所有内容，她一无所知，不过她却依旧自发性地从头至尾在自己的所有工作中使用它，而且让她取得成功。关于这一问题，有一个例子或许帮助非常大。克莱尔在第一次出现以伟人的想象为结束的一系列联想中，只是了解到在自己的人际交往中，她对保护的需要所扮演的角色。虽然那些牵涉对男人的其他期待的暗示都是想象中非常显著的部分，并且十分紧要，她依旧全然放弃了它们。这个不假思索的选择，意味着这就是她所能追求的最好方法。她并不是仅仅强调最常见的依据。她发觉她的“爱”

的重要部分就是对保护的需要，这个发觉表露出了一种她一直到现在都不清楚的因素。并且，比如立刻就会被记起来的，这个发觉首次打击了她满怀“爱”的想象，这一步原本就是让人痛苦不堪而又深刻的。在同一时间，要想把病态依附于男人这个让人苦恼的问题消除掉，必然是十分不容易的，除非她使用非常肤浅的方式将它解决了。这就将最后一个问题引发出来了：一次不可能同时关注一个以上的重要领悟。非要那么做对它们中的两个或者全部来讲是危害极大的。不管是怎样的领悟，只要它深入人心，并且给人留下了非常深的印象，就必然需要花费所有时间与精力。

对于一系列联想的认识，不但在分析方向上不可以太过死板，并且在探索方式上也要如此，就像刚刚所探讨的那般。即大家在选问题的时候一定要服从自觉性的感情兴趣，并且使用才智进行指导。而大家在对产生的问题进行分析的时候，一定要将谨慎的思考抛开，凭借直观感觉紧抓彼此间的关联。后者或许如同练习绘画时所要求的态度那般：我们思考构思、色彩搭配以及绘画风格等，并且还需要思考我们会因为这幅画而出现怎样的感情反应。这完全等同于精神分析师所采取的对待患者的联想的态度。我在聆听患者陈述的时候，有时会竭力对他可能的意图进行推测，而且，有时任凭我的直觉能力被患者的言谈利用，而我只是获得一种推测。不管怎样，想要证明任何一个发现，不管人们怎么达到这个目的，全部的理性的机智总是必不可少的。

自然，在一系列联想中，一个人或许会发觉他的特别兴趣不受任何东西的掌控：他仅仅是将各种可能性看在眼里，却缺乏所有讲得非常清楚的事实。抑或，处在截然相反的两个极端。他或许会发觉，甚至如同他对一种关联进行探索那般，某些别的因素也成为明显的问题让他大受震动。在两个事例中，他将在这个范畴中成功抛开这个问题，并且暂时不去处理。对他的暗示进行回想，可能未来对于他来讲，纯粹理论上的可能性就意味着更多的内容，抑或将能够得到更仔细处理的问题暂时搁置一旁。

需要提及的还有最后一个隐匿的威胁：相比你真正坚信的，更多的是一直不予认可的。在有规律的精神分析过程中，最大的威胁就是这个。假如患者在做事的时候趋向于依照让人信服的见解，那就更加是这样了。不过,在一个人对自己的才能充满自信的时候，或许就会隐藏这种威胁。比如，对于所产生的牵涉他本人的不管什么“坏”的东西，他或许感觉只要承受了，就都是遭到了强迫，假如他不想要承受，就会感觉到一种“抗力”。不过，假如他单纯地将自己的解释视为假想，他所处的地方就会没有任何危险，并且不会竭力让自己对它的明确性表示认可。坦诚是精神分析最重要的部分，这也应当延伸到是否承认他的解释。

假如这种解释是欺骗性的，或者至少是毫无用处的，那危险必然会如影随形，但不应当被它吓住。假如这个人是强壮的，并且还将继续维持身心健康，总有一天会找出一种更加管用的方法，也可以从那个经验中学到一些东西。不然的话，这个人就会发现自己在一条走不通的死路中生活着。比如，在克莱尔尚未开始分析自己的依赖时，当她提到采用自己的生活形式之后，已经耗费了两到三个月的探索时间。我们通过从那显现出来的时间，就可以对她在那方面受到指导的状况进行认识。不过，她在对我进行汇报的时候讲到，在这些意图仍然存在的时候，从未出现一种与她之后觉察到的那些确信的感觉相似的感觉。并且，主要是由于彼得因现有的掌控关系而不停地指责她，她才会更早采取行动。这对上文所讲到的问题进行了证明：任由患者的兴趣进行引导的必要性；对于任何没有十足把握的事情，不予接纳的必要性。不过在另外一方面，在克莱尔这个最早的探求代表着白白消耗时间的时候，这种探求是毫无危害的，慢慢消失了，而且并未对她往后的高度建设性工作进行制止。

克莱尔工作的建设性特点，不只是因为她的解释的基本准确性，还因为一定程度的连贯性在她这一疗程的精神分析中显现了出来。不准备对一个问题集中精力——她在很长时间内甚至不清楚这是怎样的问题——她所做的全部都成为对她依赖的问题的一种贡献。她对一个独立的问题是如此坚定不移地、无意识地集中精力，让她可以不断地从新的角度对它进行研究，这是必需的，不过却鲜少上升到相同的水平。在克莱尔的例子中，我们能够对这一点进行证实，因为她那时候正在重压之下生活着——直到后来，她才彻底了解到它是怎样的强大。所以，她在无意识的情况下聚集了所有精神，想要处理好这个问题，为它做奉献。这种情境是强迫性的，绝不会是人为造就的。不过，她越是对一个问题感兴趣，就越是接近类似的精力集中。

对于已经在第三章阐述过的三个步骤，克莱尔的自我精神分析进行了十分恰当的解释：对神经症的倾向予以认可，对它的含意进行认识，把它与别的神经症倾向的关联揭示出来。正如经常会见到的例子那般，在某种程度上，这些步骤相互之间在克莱尔的精神分析中存在重合：在尚未将自己的倾向彻底弄清楚的时候，克莱尔就对这方面的很多含意有所了解了。所以，在她的精神分析过程中，对于那些明确的步骤，她并未想要竭力隐藏：她并未刻意宣称要探寻神经症倾向，也没有刻意对她的依赖和强迫性的谨慎两者之间的关联进行分析。与之类似，两种倾向之间的关联的环节正如精神分析工作的过程那般，几乎自动变得愈加显著。换言之，克莱尔并未对这些问题进行选择——起码没有刻意选择——不过，这些问题却找上了她，而且在它们展开的过程中将一个有机的连贯性展现出来。

除此之外，还有一种更加关键的连续性存在于克莱尔的精神分析中，有更多能够效仿的可能性：一直以来，以孤立或者分离状态产生的顿悟是不存在的。我们关注发展的是一种结构形式，而并非一个个顿悟的堆砌。就算在精神分析过程中，患者获得了所有准确的独立领悟，不过，假如它们仍是一些凌乱的顿悟，那在工作上，他就可能无法享受到自己的最大利益。

如此一来，在克莱尔坦诚自己是由于模糊地坚信将自己置于痛苦之中可以获得援助，所以她才这样做之后，她或许已经将造成自己童年性格的原因彻底挖掘出来了，而且还把它看作一个永远不会发生改变的初期信念。对于她来讲，这或许是有利的，因为在没有恰当理由的前提下，任何人都不会真正对痛苦有需求。下一次，在意识到自己正向痛苦妥协的时候，她就会减少自己发作的时间。不过，对于这个顿悟的掌握她最多只是将这一时期里密集的、太难解决的发作次数减少罢了。这些复发也并没有体现出最关键的特性。抑或，她或许并未将下一步骤再向前推进一步，也就是将她的发现与她事实上对自我决断的缺乏相互联系，她也没有积极解决生活中的困难，她坦承它已经被对神奇帮助的信任所取代。尽管这是不充分的，不过或许已经施加了很多援助，因为对于消除这个信赖背后的没有任何帮助的整个蒙骗态度，它已经有一个新的刺激形成了。然而，对于神奇援助的信念，假如她还未将之与她的依赖性联系起来，并且还未看到这个恰恰是另外一个的主要部分，她就绝不会将这个信念彻底征服，因为她一直想要将一个无意识的限制建造起来：假如她一心想要把永恒不变的“爱”发掘出来，获得帮助是轻而易举的。这只不过是因为那个关联展现在她面前，并且，还由于她对这种期望的错误认识，她付出了惨痛的代价。对于它所造成的这些结果，顿悟完全能起到解放它的作用。

对于一种人格特性，假如一个人想要发觉它是如何用各种理由与结果而深植到他的结构中的，那这就不只是纯粹的理论方面的兴趣问题，还有更加关键的医疗问题包含在里面。可以用更加熟悉的动力术语来表述这一必要性：人们一定要先对人格特性有一个清晰的认识，然后才可以改变其态度。不过，这种话或许已经变成了一枚残破的小铜币,因为长时间的使用而变得不再厚实。并且，我们经常会因为它而联想到驱动力的概念，而在这里，或许会被认为人们不管是在早先的幼年时期，抑或是如今，都完全应当去获得这种力。动态的看法在这种情况下就会让人困惑，因为相比对一种人格的存在进行局限的因素，它加诸所有性格上的影响是同样重要的。

不只是在心理学问题方面了解结构上的关联具有必要性。比如，对于器质性病变的问题，我着重提到的这些问题有着相同的必要性。心脏病不会被任何一位优秀的医生视为一种独立现象。对于肾、肺等别的器官是如何对心脏产生作用的，他也要进行思考。他还一定要认识身体的别的机体是如何反过来受到这个心脏的影响的，比如，它是如何对血液循环或者肝脏机能产生影响的。他的这种影响的知识将会对他认识心脏病的强度有所帮助。

在精神分析工作过程中，假如一定要重视零散的小事，那么要如何做才能产生理想的连续？在上一个段落，已经对此进行了非常委婉的、纯粹理论性的回答。假如一个人已经展开了适当的考察，或已经让自己得到了一个领悟，他就应当分析一下为了将它自身表现出来，这种特征是怎样在各个不一样的地方揭露自身的，它的作用是怎样的，在他的性格中能够对它进行阐明的因素又有哪些。不过，这种叙述或许被认为是非常不具体的，所以我将会竭力使用构想的例子来对它进行解释。不管怎么样我们都应该牢记，在实际的生活中，并不存在这样的情况，即任何简短的例子给人的印象都必然是简明扼要的。并且，这种例子准备将被辨认出来的因素的多种形式显现出来，它也无法将一个在进行自我精神分析时所拥有的感性经验展现出来，所以它所绘制的图像仅仅是片面的，且太被高估。

将这些局限牢记在心，我们可以假设一个人，这个人已经观察到，由于他对可能存在的批判充满了畏惧，所以在他即将情愿参加争辩的范畴内，在某种情境中，他哑口无言。假如他愿意在心里牢牢记住这种观察，他就会对这种被引发的畏惧情绪充满质疑，因为它不符合所有实际威胁。这个畏惧不但可能阻止他表述自己的思想，并且还可能阻止他进行清楚明了的思考，所以他将质疑它为何会这么强烈。他将会怀疑这种畏惧是不是比他的抱负还强大，是不是要比他的权宜之策的考虑还要强大，为了自己的前程，他将会因为这种权宜之策而产生让人满意的效果。

在这儿，他已经从他的问题中获得了一种兴趣。在他生活的其他范畴中，他将会竭力去发觉，对于那个相似的困扰是不是会产生影响，假如当真如此，他还会竭力去发觉它们使用的方式是怎样的。他会对自己与女性之间的关系进行思考。他是因为担心她们找自己麻烦，所以才不敢靠近她们，是这样吗？他不想参与晚宴吗？可以成功购物吗？他是由于不想让销售人员认为他过于节省，所以才买了一瓶价格非常贵的威士忌？他是担心可能会被服务员轻视，所以才慷慨地给小费？此外，他的确不能坚强地面对批评吗？让他产生困窘或感觉痛苦的才能是怎样的？他只是在自己的领带遭到妻子的批评时感觉痛苦，还是在她只对吉米的领带与短袜子进行夸赞，称它们搭配得当时才感觉不舒服？

通过这种观察，有关自己的困扰或困扰的种种表现的广泛程度和强度，他将会得到一种印象。之后他将会想要知道它是如何对自己的生活产生影响的。他已经了解到自己在很多方面都受到了它的压抑。他无法对自己的权利进行维护。对于其他人对他的期待，他非常温顺地遵从着。所以，他一直以来都要扮演一个角色，而无法变成他本人。由于自己受到其他人的操纵，所以他愤怒地对他们进行反抗，不过如此一来，他自己的尊严也受到了损害。

最终，他想要把导致这种困境的根本原因找出来。他如此畏惧批评是因为什么？他或许会想到，他现在这种十分呆板的性格是因为自己的爸爸妈妈才造成的，或许会有很多他遭受责备或者感觉不适的小事浮现在他脑海中。不过，他实际性格中的一切缺点也一定会被他想起来，他因为这种整体性格而显现出对别人的依赖，同时，让他觉得其他人对他的看法是极其重要的。有关这全部的问题，假如他可以找到答案，那他对他担心受到批判的了解就不再只是一个孤立的领悟，这种性格特征与他整体性格结构的联系也将受到他的关注。

我有极大可能性会遭受人们的诘问，使用这种例子是不是想要证明假如一个人已经发觉了新的因素，那么对于自己在种种方式中被指出来的经验与感觉，他就应当谨慎思考这些是否属于必然，因为这个过程会引发和过去探讨过的纯粹理论控制一样的威胁。他应当把一些思考时间留给自己。他应当对自己以十分相同的态度获得的发现进行反思，正如被埋藏的已经受到极大损伤的雕像被一位考古学家挖掘出来，他从各个角度对自己的宝贝进行观察，一直到非常满意地展露出它们原有的样子。一切被一个人了解的新因素都如同一个探照灯，把那个人生活中某些始终处在黑暗中的角落照亮。只要他非常渴望了解自己，这些问题就几乎必然会被他注意到。专家的引导是非常有助于正确对待这些问题的。在这个时候，患者会受到精神分析师的主动帮助，从而对这一发觉的价值进行了解，将一个它所暗指的问题提出来，同时，还把它和过去的发觉相互联系。在缺乏外界有用的帮助的情况下，不要太过匆忙地进行精神分析，将一个新领悟牢牢记住代表着将一个新领域征服；而且想办法凭借稳固成果的方式在征服中得利，这才是最好的方法。在偶尔的自我精神分析那一章，我在所有例子中讲到了获得顿悟所可能暗示出的问题。我们能够彻底确定，由于相关人士已经走出了最危急的困境，导致他们不再怀有兴趣，所以这些问题是他们难以抓住的。

假如询问克莱尔，在她的精神分析过程中，她这种明显的连贯性效果是如何获得的，她的答复可能非常类似于一位高级厨师在被索要食谱时的答复。对他的回答进行总结，通常他都是以自己的直觉为依据的。不过，从精神分析所讲的这个答复来讲，倒也没有太过让人不满，与讲到煎蛋饼时的不满还是不一样的。克莱尔的感觉是所有人都无法效仿的，不过所有人都拥有自己的感觉，并可以以此为依据。这就让我们再次回到了之前所探讨的联想的阐明这方面：了解一些探寻的问题，这是有好处的，不过自己积极主动的精神与兴趣应当引导这种探寻。对于这种真实情况，也就是人作为一个有生命的物体，是受控于需求与兴趣的，人们应该予以认可，并且，将他沾满油腻的、典型机械式的脑袋中所出现的想象都丢掉。在这一过程中，相比所期望的达到彻底的洞察，更多的部分实际上仍是纠缠在一起的，正如在许多别的过程中那般。在人们可能下了很大决心要对它们进行了解时，被遗漏的纠缠在一段时间后就会出现。

不受人们掌控的因素也很有可能会阻碍精神分析工作的连贯性。由于他并不是在纯粹的经验中生活，所以他必然期望精神分析可以中断。他的思考会因为任何数量的日常经验而受到损害，其中一些经验可能还会激发起要求直接说明的感情反应。比如，设想在分析自己的依赖问题的时候，克莱尔将自己的工作扔下了，或她已经把一个必须要更多积极性、决断能力以及领导力的新工作接到手中。无论哪种情况，其他的问题都要比依赖问题更突出。镇定自若地中断精神分析工作，而且尽量出色地处理新出现的问题，这才是每个人在这种情景下应该做的事情。他可能恰好具备更加超凡脱俗或更多依赖性的经验来处理手头的问题。如此一来，克莱尔必然会因为彼得将他们俩之间的关系切断而受到刺激，从而更进一步地分析自己的问题。

总而言之，完全不需要太过担忧干扰之外的事情。我已经在治疗患者的工作中发觉，就算明确是外部的事情，治疗路线的偏移也只会是暂时的。它非常短暂，导致患者总是在没有发觉它的情况下转到自己正在处理的问题上，有时还会再次返回到他正好已经离开的那一点上。对于发生这种情况，我们没有任何神秘的解释，这正如一种设想，设想对患者而言，那个问题吸引人的程度更甚于世界之外所出现的事情。大多数经验既然可以将一些反应激发出来，那他或许会被那个最靠近身边问题的事情深深打动，进而引导他再次拥有自己打算抛开的思绪。

这些观点重点强调主观要素，却不把清楚的倾向显现出来，这是既定的真实情况，然而这种实情或许会让不赞同精神分析的评判再次复苏，宣称相比科学方式，精神分析使用更多的是艺术方式。由于这种看法牵涉哲学术语的解释，所以有关它的探讨会让我们太过跑题。有关实用性的探讨才是这里要考虑的。假如精神分析被当作一种艺术行为，那么就要清楚地告诉很多人，只有具有特殊天分的人才可以担负这种工作。而正如一些人拥有熟练的机械技术经验，或者拥有独到的政治观点，而其他人却拥有独特的心理学观点那般，我们也拥有完全不相同的天分。但是，神奇的、艺术性的天分并不是最重要的，其实最关键的是周密的可界定的要素——大家的兴趣或者分析动因都集中在这里。这种因素依然是主观性的，不过，在我们所做的大部分事情中，难道这不是决定因素吗？最重要的并不是规则，而是精神。

第十章
抗力的处理

有关在两种相互对立的兴趣要素之间存在的自身力量的作用，精神分析治疗将会予以展开或者着重提出。一种兴趣是想要一直维持的幻想以及神经症结构所提供的安全感。另外一种是凭借毁坏神经症的构造而得到内心的自由与力量。恰好是这个缘故，这是已经重点提过的一种缘故，孤立的理性分析并非精神分析治疗的重要部分。作为一个机会主义者，在进行分析的时候，不管理性效力于哪种兴趣，都具有非常重要的价值。每一种可以对神经症结构造成损害的领悟都在挑战反对解脱的力量以及保持现有状况的努力。在出现这种挑战的时候，它们试图用这样或者那样的形式阻碍发展。对分析工作而言，它们就如同一种“抗力”。对于内部产生的阻碍精神分析工作的所有要素，弗洛伊德所使用的适当术语就是“抗力”。

抗力不只是形成于分析的情境中。假如我们处于正常状态中，对于神经症结构而言，生命本身就是一个非常大的挑战，与研究者是相同的。有关生命的隐秘主张具有十足而又顽固的特性，一个人必然会因此而遭受毁灭。有关他本人的联想，其他人是无法共享的。他将会因为这些联想受到其他人的质疑与鄙视而难过，必然会侵犯他用心设置而又非常不可靠的安全手段。这些挑战或许会导致一种正面作用的形成，而且，就像运用精神分析疗法那般，患者也许会对这些挑战造成反面影响。首先，或许会将焦虑和愤怒引发出来，而且占据有利位置。再者，或许会强化神经症倾向。根据不一样的详细情况，他可能会变得更加孤单，更加具有操纵性，更加具有依赖性等。

在某种程度上，与精神分析师之间的关系所产生的感觉和反应是等同于别人的。不过，对于神经症结构来讲，精神分析治疗是一个显著的打击，所以这就变成了一种更大的挑战。

在精神分析著作的重要部分中，不但包含委婉的暗示，并且还包含明显的阐述。宣称我们没有任何办法可以将自身的抗力处理好，即我们在缺少行家帮忙的情况下，是无法攻克这些抗力的。对于反对自我分析的观点，这种坚定不移的信念是与之争辩的强大论据。不只是对精神分析师，就是对所有已经展开精神分析的患者来讲，这种论据也都发挥着非常大的作用，因为精神分析师和患者都非常清楚，在与不安全的区域靠近的时候，会有顽强的、曲折的抗争行为出现。不过，只是向经验寻求帮助，就肯定不会有明确的论据产生。因为经验是由处于主导地位的思想和习惯所产生的混合体以及我们的才智来确定的。尤其是，用来明确分析经验的是这样一种真实情况，那就是患者还没有获得独立应对自身抗力的机会。

更加要紧的问题是，对弗洛伊德所有人本哲学的明确认识就是精神分析者信念基础的理论前提。因为这是一个非常复杂的论题，所以在这里，就不进行分析了。我们只需对这些有所认识就可以了：假如人们受到本能的支配，假如在这些本能中，发挥重大影响力的是一个破坏本能，正如弗洛伊德所讲过的，当然事实不会这样，不过就算这种情况是存在的，也会竭力增强和发展人的本能中的建设性力量，将它剔出人的本质。对于那些助长抗力的力量，能够阻止它的能动力的构成成分就是这些建设性力量。假如不对它们进行认可，那我们肯定无法完全凭借自己的努力将自身的抗力克服。对于弗洛伊德哲学中的这些成果，我并不愿进行分享，不过我愿意仔细观察抗力。抗力的强度和我们自己应对抗力的能力完全决定了自我精神治疗的结果，与别的精神分析治疗方式毫无二致。

事实上，个人对抗力束手无策的程度不但由抗力的显著力量决定，并且由它们的隐藏力量决定，换言之，抗力在程度上是能够分辨的。我们可以坚信，在公开斗争中，这些抗力引起人们的注意，并且遭到打击。比如，患者完全可以发现他拥有一种针对精神分析治疗的抗力，他甚至可以领悟到自己正在竭力从神经症倾向中挣脱出来，正如克莱尔在与依赖进行最终抗争时所做出的行为那般。在患者毫无察觉的情况下，抗力使用伪装方式偷偷在患者身上滋生，这是更加常见的情况。他在这种情况下对抗力正在发挥的影响力一无所知，仅仅是感觉自己一无所成，或者内心产生厌烦、疲倦和灰心丧气的感觉。在他陷入这种不但见不到，并且没有感觉到任何对手的情境中时，自然是束手无策的。

他之所以无法将抗力辨认出来，主要是因为抗力的抵御过程不但始于他与牵涉的问题正面相对的时候——也就是暴露他隐藏的生活主旨，诘问了他的幻想，让他处在不再安全的范围之内的时候——抗力在他远远接近这些领域的时候就开始了自己的抵御过程。他越是想要让它们一成不变，对接近它们越敏感，哪怕是从远处接近它们。他就好像是被雷雨震慑住了，不但害怕雷电，并且还畏惧飘在天上的乌云。这些距离较远的反应是随着一个显著的问题产生的，这个问题原本不值一提，绝不会引发任何强烈的感觉，所以这些反应都很难被发现。

假如想要得到可以对抗力进行了解的能力，就必须要具备相当的与抗力根源和表现相关的学问。因为这个原因，我们应该将已经讲过的贯穿整本书的相关问题——在一般情况下，“抗力”这一专业术语并未被明确提及——进行一个综合性的叙述，并且加上一些对自我精神分析治疗非常感兴趣的观点。

自身为了保持现有状况而产生的所有力量就是抗力的根源。这些力量完全不同于保持疾病的力量。所有患者都想从困扰和痛苦中挣脱出来，让身体马上好起来。神经症的某些方面已经证实对他有非常大的主观价值，在他看来，将来的安稳和满足可以从这些方面上得到保障，所以他希望维持的就是这些方面，而并非“神经症”。所有人都不愿意哪怕是稍微减轻一些这些基础力量。它们主要包括：隐藏的生活主旨，对“爱”的需求，对权力的需求，对自力更生的需求等。在他心中，对自己的幻想保持着感觉十分舒服的安全范畴。他神经症倾向的本质决定了这些因素的本质。因为已经对神经症倾向的特性与原动力进行了探讨，我们在这儿就不需要再展开更进一步的详尽叙述了。

在专业化的精神分析治疗展开的时候，在大部分情况下，精神分析治疗的过程中就已经体现出了对抗力的刺激作用。假如强烈的继发性防御要素获得发展，只要精神分析师质疑这些防御是否合法，即只要精神分析师质疑患者人格中任意一种要素的准确性、优越性以及保持不变的性质，就会激发原有的抗力。有这样一种认识，也就是觉得自己所有东西都是最优秀的、无可比拟的，就连缺点也是这样，假如这种认识中包含了一个患者继发性的防御要素，那么，只要他的动机遭到质疑，内心就会出现一种绝望感。而只要别的患者看见，或者精神分析师将他心里不理智的情况指出来，他就会情绪激动，并且感到灰心丧气。这与继发的防御功能，也就是发展成的整个防御体系是一致的。这些防御行为不但形成于一种特殊的受到抑制的因素面临被发觉的威胁时，而且还形成于探究任何因素的内容时。

不过，假如继发的防御并非如此的强烈，抑或，假如已经揭示和抑制了它们，那抗力很有可能是对某些特别被压抑因素的攻击而产生的反应。只要一与那些患者认为是禁忌的范围靠近，不管这靠近是远远进行的，还是近距离的，患者为了避免受到更深的伤害，都会怀着强烈的恐惧和愤怒展开抵抗，而且自觉地实施防御措施。有关这种对禁忌的侵犯，精神分析师的普遍行为就能够应对，并没有使用特殊方法的必要。不管他做了的还是没做的，讲的还是没讲的，所有事情都有可能让患者脆弱的部分受到刺痛，导致有意识的或者无意识的愤怒出现，从而对医生和患者的合作产生短暂的阻碍。

精神分析情境以外的要素也有引发精神分析工作的抗力的可能性。假如在精神分析治疗过程中，外界情况发生了改变，其改变形式对神经症倾向的发展有帮助，或者让这些倾向更加具有影响力，那就会极大地强化抗力，当然其原因是已经强化了反抗改变的力量。平常生活中糟糕的发展情况也有可能会引发抗力。比如，假如一个人感觉自己遭到了身边人的不公对待，在这个时候，他或许就会非常生气，自己所有的精力都会集中在复仇上，从而导致他不愿意接受精神分析师在探究他为何会感觉受伤、遭到羞辱的根源时的所有努力。即外部境况的发展也有可能是形成抗力的原因，就好像在精神分析过程中，假如与受到抑制的因素进行碰触，不管是进行特殊碰触，还是远远地涉及，在这些情境中都会有抗力形成。

在自我精神分析治疗过程中，抗力的引发大致上和上面是没有区别的。不过，在这里，是人们自己对痛苦的领悟或者激发抗力的隐藏因素的侵害，而并非精神分析师的解释。并且，对于这种存在于研究者行动中的刺激，是非常缺乏的。这在一定范围内是自我精神分析治疗的优势，不过，我们应当牢记，假如可以对这些刺激的反应进行准确研究，那么这些刺激将是最具有积极作用的要素。最终，在自我精神分析治疗过程中，对于心理障碍来说，日常生活的亲身经历好像具有一个更加巨大的力量。这并不难理解：因为精神分析师在专业的精神分析治疗过程中所发挥的关键作用——尽管这作用是短时间内的——患者的情绪被大量地集中在他的身上，而这种专注力的聚集在展开自我精神分析的时候就变得非常缺乏了。

在专业精神分析治疗中，抗力的形式大致分为下面三种类型：第一，对于让人苦恼的问题，要公然予以抗争；第二，防御性的情感反应；第三，防御性的压抑，也就是躲避的策略。虽然它们有着不一样的形态，不过就其本质而言，这些多种多样的展现只是意味着不一样的直率程度。

为了对这一点进行解释，我们设想有一位患者渴望全然的“独立自主”，精神分析师开始着手解决他和人们关系中的困扰。在患者看来，这种探求正在对自己的孤立表现进行间接侵袭，接下来，还会对他的自主请求进行侵袭。患者的想法是对的，因为只有把改善他的人际关系、协助他和别人培养更和睦团结的感情当作终极目的的时候，处理他与别人关系中的困难才有意义。或许这些目标尚未浮现在精神分析师的脑海中，他或许感觉自己只希望知道让患者羞涩胆怯的地方，患者让人愤怒的行动以及患者与女人在一块儿时的困难。不过，患者对这些态度的危险有所察觉。在这个时候，对于上面所讲的困境，抗力或许会表现出公开反抗的一面，并且直白地宣称他不愿遭到任何人的骚扰。抑或，他显现出自己不相信精神分析师，怀疑精神分析师想把他的规范强加给自己。比如，患者或许会觉得，精神分析师将要强行施加给他让人厌恶的群居性。抑或，患者或许会十分冷漠地对待精神分析工作：相比约好的时间，他迟到了；他把所有事情都忘了；他回答的并不是所问的内容；他想象力匮乏；他让精神分析师的思路变得紊乱，甚至到了不知所谓的地步，让精神分析师遭遇挫败。

公然抗争是抗力的第一个种类，在我们看来，这是既明白又熟悉的，没有进行陈述的必要。防御性的压抑，也就是躲避的策略，即第三个种类，我们很快就会对自我精神分析的相关部分展开探讨。不过，抵御性的情感反应是第二个种类，由于这些反应或许会在精神分析师的身上聚集，所以它们在专业的精神分析过程中意义重大。

抗力是用和精神分析师相关的情感反应方式体现出来的，并且还有好几种形式。其中就包括上面所讲过的患者质疑自己正在遭受欺骗的反应。除此之外，患者或许也会有非常激烈的反应，隐隐害怕受到精神分析师的伤害。这种反应或是一种扩散的愤怒；或认为精神分析师过于蠢笨，既无法理解他，也无法帮助他，因此瞧不起精神分析师；或体现出一种扩散的焦虑，患者想办法凭借获得精神分析师的友情或者喜欢来减少自己的痛苦。

这些反应通常都会有强烈至极的表现，之所以会这样，一部分是因为患者觉得自己已经建立的结构中的一些重要部分面临危险，还因为反应本身的重要作用。在这些反应的帮助下，可以把重心由调查因果转向更加安全的和精神分析师在一块儿的情感性事务中来。在这个时候，患者并不是在对自己的问题进行探求，而是在说服精神分析师在这一点上集中了自己所有的努力，力求将精神分析师拉过来，证实精神分析师是不对的，让他的努力受挫失败，让他受罚，因为他非要入侵自己的禁地。随着这个重心被转移，患者要么因为自身存在的困难而对精神分析师进行谴责，让自己坚信，假如他一直和那种一点儿都不理解他且不公平对待他的人待在一块，就永远不会有进步；要么让精神分析师承担全部工作责任，是他让自己变得生机匮乏，毫无活力。不必多言，这些情感的抗争将会以隐蔽的方式持续，要让患者意识到这些斗争或许需要做很多精神分析工作。在患者受到这样的压抑时，他本人就已经觉察到了有成效的心理障碍。

抗力的表现形式在自我精神分析中也存在上面所讲的三个种类，不过却又存在一些难以避免的差别。在克莱尔的自我精神分析工作中，公然直接的抗力只出现了一次，不过有关精神分析工作的不一样的压抑作用与躲避策略却出现了很多次。对于自己的分析结论，克莱尔也偶尔觉察到一种意识情感反应——比如，非常吃惊地意识到自己对男人有着依赖性——不过，她进一步的精神分析工作并不会因为这种反应而产生妨碍。我坚信，在自我精神分析过程中，抗力发挥作用的显著的、典型形式的写照就是这个。无论怎么样，我们预想的局势就应该是这样的。我们肯定会因为这个有关自我精神分析结论的感情反应而意识到：她将会因为发觉了自身的什么而感觉担忧、不好意思、愧疚或者被激怒。不过，这些反应并不同于专业的精神分析过程中的反应。在患者进行防御性抗争的时候，假如并没有专业的精神分析师参与其中，那他就无法把责任推到精神分析师的身上：他要凭一己之力承担所有责任。另外一个原因是，相比对待精神分析师，自我精神分析者会更加小心谨慎地对待自己：他将会把前方的威胁弄清楚，而且几乎会自发性地退出直接接触，在短时间内力求获得一两种躲避问题的办法。

因为自我精神分析，我们或许形成了体现自己抗力的防御性压抑和躲避战略。正如人们人格的改变那般，这些妨碍自我精神分析的方式也是难以估算的，它们的发展轨迹或许就是自我精神分析的任意方位。经由某些重要问题的提出，我们能够对它们在自我精神分析中的表现展开探讨，在重要问题上，这些表现或许会对精神分析的发展造成妨碍。总体来讲，自我精神分析时正着手分析的一个问题可能受到它们的阻挠，对他的自由联想的价值造成损害，使他的理解力产生障碍，让他的发觉无法发挥作用。

在通常情况下，独立工作者并不会对自己进行常规性的分析，所以或许无法感觉到开始分析问题时的压抑。对于他感觉没有必要展开精神分析的过程，他并不愿牵涉，但在这一过程中，抗力也是会发挥影响力的。在他内心产生强烈的痛苦、扫兴、疲惫、愤怒、犹豫不决以及担忧时，他就会十分小心翼翼，而且还会将所有阐述这种情况的意图都排除在外。不过，对于自我分析，他或许会感觉到一种有意识的抗拒，虽然他非常清楚，这种做法起码能够获得一个从烦恼中挣脱并从中学到一些东西的机会。或他会找出很多努力工作的理由，比如，他实在是非常繁忙，他真的十分疲劳，压根抽不出时间。对于这种抗力的形态，相比在专业精神分析过程中，或许在自我精神分析过程中更常见。原因是，患者在专业的精神分析过程中有时会将一个机会忘掉或者放弃，不过他因为例行的精神分析时间、礼貌以及已经花费的钱而拥有很大的压力，导致他在大多数情况只能选择参加。

防御性的压抑与躲避凭借复杂的方式在自由联想的过程中发挥影响力。人们或许会因此而变得精神不振，毫无活力；或许不准许分析者进行自由幻想，而指引其展开“猜想”；或许在忽然之间，让分析者的思想产生改变，更加准确地讲，让他整个人精神萎靡，忘掉应该持续产生那些联想。

抗力或许会引发对某种因素太过轻率盲目的缺陷，进而对他的理解能力产生妨碍。可能会让他忽略那些因素，或让他对它们的意图或者价值一无所知，就算那种做法是全然对的。对于这个问题，下面是在克莱尔自我精神分析过程中与之相关的例子。患者也许会鄙视所产生的感觉或者想法，正如当时，牵涉她与彼得的密切关系所引发的愤怒与伤心遭到克莱尔的鄙视那般。而且抗力会导致追求一种错误的倾向。完全存在于想象中的解释，即将不存在的东西强行塞入联想中，虽存有一定的风险，不过同另一种风险——发现了一种实在的因素，却不细究它产生的原因就错误地将它搁置一旁——相比还算是轻的。关于克莱尔的那个玩具娃娃米埃莉，她进行回想的解释便是一个事例。

最终，在患者的确得到一种真实发现的时候，对于这种发现的积极作用，凭借压抑或者躲避策略发挥影响的抗力或许会用很多种方法对其进行摧毁。他大概会让自己的发现不再具有价值。抑或，他并不是耐心十足地对特别的阻碍展开精神分析，而有可能是很早就决心需要有意地竭力将它打败。抑或，他不会彻底展开自我精神分析，因为他将它“忘掉了”，不“爱”去做，或是寻找某种借口，又或是直接不想做。在他不得不将明确的看法说出来时，他或许会有意地并且真诚地采用各种处理方法来妥协，进而让自己对已经得到的结果不再抱希望。但是，正如克莱尔多次坚信的那般，她坚信自己已经处理好了问题，但实际上，问题依然在很大程度上没有被她解决。

面对抗力，应该如何应对呢？提及这个问题，对于丝毫不引人注意的抗力，人们不知道应该怎么办才好，因此了解到抗力正在发挥影响力才是最先应该做的，也是最关键的。在一般情况下，人们对大部分抗力并不敏感，无法意识到它们的存在，所以它们或许会遭到忽视。然而，有一些抗力形式是必然不会引起注意的。这些抗力的广泛程度、强烈程度和其背后的力量决定了它们所体现出来的障碍的严重程度。比如，在精神分析的最初阶段，克莱尔对彼得怨恨的深度就绝不会引起她自己的注意，她在自己和彼得这段关系中遭受的痛苦程度也绝不会引起她的注意。对于这一点，就连精神分析师都几乎无法协助她进行认识，准确来讲，是无法协助她理解这一问题。她一定要做了很多工作后，才拥有处理这些因素的能力。这一观察使人振奋，它暗示假如我们继续进行这项工作，人们留意不到的地方就会马上变得明朗化。

对于那种顺着不正确的思路展开分析抗力的形式，这也几乎是适用的。拥有这种呈现形式的抗力是非常不容易被发现的，你会因为这种分析形式而消耗时间。不过，假如在经过一段时间的分析之后，患者感觉毫无进展，或虽然他已经花费精力在涉及的问题上，却依然在原地踏步的话，抗力的表现就会引起人们的质疑。正如在所有精神分析中那般，在自我精神分析中同样不要陷入获得的进展所设置的骗局。在短时间内，人们的情绪或许会因为这种欺骗而有所提升，不过，人们对基础牢固的抗力的发觉却会因此而轻易受阻。对于需要经常和精神分析师一块儿检验分析，或许对已发现的错误进行归纳总结就能证明这种做法是不是对的。

轻易就会引起关注的是另外一种抗力。应该予以认可，这或许是一种十分恐怖而强烈的抗力。假如所显现出来的真是如此强烈，那么毫无疑问，自我精神分析者在最初进行精神分析工作的抗力就会被他自己发觉。他可以发现自己在自由联想期间展开了推测，而并非自觉性地思考。他可以发现自己的思路正逐渐变得混乱，而且，它们之间的关系可以经由回忆以往的事情而得到复原，起码变得混乱的那部分可以得到复原。假如过了一天之后，再对他的笔记进行查看，他就能把自己杂乱的思维找出来，正如克莱尔在她希望得到魔法般援助的联想期间所做的那般。对于这些过错，假如他发觉存在明显的准则，不管这个发现是应该赞扬的，还是不应该赞扬的，他都会质疑自我精神分析的展开过程是不是受到了什么东西的阻碍。相同的，灰心丧气的行为反应也会遭到他的质疑，让他觉得这是抗力的一种形态，但是，假如那种感觉掌控了他，他就很不容易发觉这一点。对于这种沮丧，他不应当对其表面上的价值深信不疑，而应当把它自身视为对精神分析的反作用。

在他发现一个真实的心理障碍的时候，他就应当放弃所有他正在做的精神分析工作，而将与抗力抗争视为最需要赶快去解决的问题。强迫自己保持对抗力的抗争，正如弗洛伊德所讲的，如同一次次地去为不发光的灯泡点火那般没有作用：一定要弄清楚到底不通电的是哪里，出故障的到底是电灯泡、电线杆、电线还是开关。

竭力对抗力进行联想就是对抗它的办法。联想这种办法对在精神分析工作中出现的一切抗力都是有利的。在尚未进行联想的时候，应该首先对形成心理障碍以前的记录进行查看，因为或许有处理问题的思路存在于记录中所牵涉的问题上，问题的起始点也或许会在查看记录的时候变得显而易见。在有的时候，一个人尚且不具备马上对抗力进行追踪的能力，他也或许会不愿意，又或许感觉受到约束而不追踪。最佳方式是只记录让他忽然感觉受到约束或者疲惫的这种或那种问题，在他第二天对这个问题有了新观点时再着手开始工作，而不是强迫自己。

我所主张的“对抗力展开联想”，是指他应当对心理障碍的特别表现进行注意，而且任凭自己的思绪展开自由随意的联想。所以，假如他已经发现无论遭到牵涉的问题是什么样的，他的解释总可以使他展现出成功的希望，他就应当想办法把这个发现掌控住，把它当作进一步联想的起始点。假如在面对一个发现的时候，他感觉灰心丧气，那他就应当牢记自己现在尚且无力改变或者不想改变的要素被这个发现牵涉到了，而且应当想办法在脑海中对这种可能性进行联想。假如他的困扰产生于精神分析的最初阶段，虽然他还感觉有检查自己的必要性，他依然应当提示自己，或许已经有心理障碍因为上次的精神分析或者一些外界发生的事情而形成。

在自我精神分析过程中，这些因为外界因素而产生的抗力是经常可以看到的。一个受控于神经症倾向的人，或所有受控于神经症倾向的人，极有可能认为他遭受到了一个非常亲密的人或日常生活中的侮辱和凌虐，进而将他的悲伤或者愤怒表现出来。对于这种情况下的真正凌辱和幻想中的凌辱，假如想要进行区分，就必须进行非常深入的分辨。事实上，就算这种凌辱发生于实际生活中，那种反应也是没有产生的必要的。假如轻易会遭受其他人攻击的并不是他本人，那么，他就会表现出一副惋惜或者谴责侵犯者的样子，或是公开进行反抗，又或是表示愤怒。相比准确分析被言中的自己——而非悲伤的弱点，只是感觉愤怒显然容易得多，不过，他出于对自己切身利益的考虑，就算其他人的确非常粗鲁、不公正或者不值一提，他所采用的处理方式依然应该是这样。

我们来假设一个女人，她发现自己的丈夫曾经和另一个女人关系暧昧，尽管他们暧昧的时间并不长，她还是遭受到了严重打击。尽管她清楚这是一件往事，尽管她的丈夫竭尽全力来修复他们夫妻之间的关系，她在几个月过去之后依然无法宽恕他。她让自己非常难过，也让自己的丈夫非常难过，偶尔还会对他破口痛骂。她之所以会出现这样的感觉与做法，不只是因为信任感的确受损，还因为很多其他原因。丈夫不再爱她了，转而爱上了其他人，这或许让她的尊严受到了损害。她还无法忍受丈夫将脱离她的掌控与操纵。正如克莱尔所遭遇的那般，她或许也因为这件事而担忧自己会遭到抛弃，或许因为一些她无法讲清楚的原因，让她非常不满意自己的婚姻。这一显著的事实或许会被她当作一个理由，从而将她一切受到抑制的不满都宣泄出来，然后在毫不知情的情况下彻底陷入一个报复性的斗争中。她或许已经意识到自己受到了另一个男人的吸引，而且怨恨丈夫在她尚未纵容自己的时候就在放纵中沉沦。假如她对这一可能性进行检验，她不但会让分析局势产生极大的变化，并且还会增强对自己的更清晰明了的认识，但是只要她一直不放弃对愤怒的权利，那两种后果就均是没有可能的。假如她的愤怒已经遭到了压抑，局势就将彻底相同，但在这种情形下，要想将她在自我检查中产生的抗力挖掘出来，并不那么容易。

关于应对抗力的心情，有一种适当的调查。由于我们自身拥有抗力，我们就会轻易出现烦闷情绪，仿佛抗力暗示着让人愤怒的蠢笨和顽固那般。这是一种能够被认识的态度，因为在去往我们最关注的问题的路上，与我们自己制造的障碍相遇，这是让人烦闷的，或是让人愤怒的。但是，一个人没有任何理由因为自身的抗力而责怪自己，并且这么做也是毫无意义的。是他背后的力和外部的力在发展，错不在他。除此之外，在其他处理生活的方式失败之后，他已经从它们竭力维护的神经症倾向中获得一种解决方法。对于他来讲,最聪明的做法就是把抗力视为应该提供的因素。我几乎想要说，他应该如同看重自身的一部分那般看重它们——把它们视为器官的发展，而并非只是同意并任凭它们存在。对于他本人而言，这种态度不只是更加合适的，同时，还会让他获得更多、更适合的处理抗力的依据。假如他抱有敌视的倾向，使用压制手段来解决抗力，那他几乎就会彻底没了耐心，并且没有诚意对抗力进行认识。

当着手处理抗力的时候，假如使用上面所讲的办法或者情绪，将会拥有非常好的时机来认识并克服抗力——如果相比个人主观意愿，抗力显得比较弱的话。对于那些比个人主观意愿更强大的抗力，要想获得胜利，就需要行家的帮忙，否则的话，轻易是做不到的。

第十一章
自我精神分析的限制力

相比限制力，抗力的差别就只是程度不一样。不管是怎样的抗力，只要它拥有足够强大的力量，就可以转化为一种实在的限制力。对于自我精神分析，所有减少或者不再和自己斗争的刺激要素都组成了一个隐藏的限制力。尽管这些要素的存在并不是孤立的，不过，除了对它们进行独立探讨，我没有别的办法可以对它们进行形象叙述。在下文中，有时候我们要从好几个方面来观察相同的要素。

首先，对于自我精神分析，一个坚不可摧的放弃的态度形成了一种限制力。一个人可能认为永远无法摆脱心理障碍，从而导致他无法产生攻克困境的企图，即便是一星半点儿也没有。就某种程度而言，所有严重的神经症中都会产生失望。一定数量的建设力量是不是始终积极活动或可以再次积极活动，决定了失望会不会严重妨碍治疗。就算这种建设力量似乎已经消失，却仍旧常常显现出来。有时候，一个人在很久之前就已经彻底被击垮了，或者已经受到难以解决的纷争的纠缠，从而导致在很久之前，他就已经放弃了期望与努力。

或许这完全是有意识的放弃，在他感觉生活毫无意义的情感中，或者在一种多少精心设想的觉得生活没有意义的哲理中，将这种放弃的态度表现出来。因为极少数人会对这种“真实情况”有所关注，所以他们就拥有了一些骄傲情绪，从而让这种放弃的态度得到强化。这种有意识的精心设想并未在一些人身上出现过。但是，他们并不是主动的，他们以禁欲形式遭受着痛楚的折磨，而且对所有更具意义的生活的期待反应并不大。

在厌倦生活的情绪背后或许隐匿着这种放弃的态度，正如在易卜生的《海达·高布乐》中的情况那般。她有着非常微小的期待。有时候，生活是非常有意义的，会把一些快乐、激动或者高兴的情绪提供给你，但是，她对所有具有实际价值的东西都没有期待。这种态度类似于《海达·高布尔》中所叙述的那般，常常是与深刻的玩世不恭相伴而来的，最终导致对生活的一切意义、对努力的所有目标都充满了质疑。不过，或许对这全部深信不疑的人身上也存在非常大的失望，尽管从表面上看，这种人让人们觉得他们有能力享受生活。他们或许爱与人来往，爱吃喝，并且爱性生活。他们在年轻的时候或许是非常有能力的，所拥有的兴趣与情感都是非常真实的。不过，他们由于一些这样或者那样的理由，已经变得肤浅，不再拥有自己的理想。他们对工作敷衍了事，缺少兴趣。他们疏于培养和人们之间的关系，开始容易，结束也容易。总而言之，对于充满意义的生活，他们都不再想要去追寻，反倒将兴趣转移到生活之外。

如果一种神经症倾向很成功，或许这样表达得不是太准确，那么就会有不同类型的限制力在自我分析中出现。比如，就算人们对生活的满足其实是在难以捉摸的事物上建立的，但人们对人体机能的殷切希望或许也会拥有这种程度的满足，从而导致精神分析的所有暗示都会遭到人们的嘲讽。在婚姻生活中，假如一个依赖的愿望得以实现——比如，这种人的结婚对象是一个控制欲望极大的人，或因为成为一个团队中的部属而觉得满意，上面所讲的情形都是适用的。与之类似，一个人或许会非常顺利地从象牙塔中走出来，而且因为可以在他能够触及的领域中协调一致，从而感觉非常悠游自在。

是种种内部和外界的环境的融合才形成了这种神经症倾向表面上成功的自信。有关前一种，“成功”的神经症倾向可能不会和别的需要之间产生太过激烈的冲突。事实上，一个人不可能单单被一种强迫的努力彻底淹没，也绝不可能毁掉全部：人们从没有强迫过自己，试图让自己变成一个向着一个方向运转的整体机器。不过，或许与这个方向相距不远。要想这种发展得到允许，外界条件一定要是相同类型。对于外界条件中最重要的是哪一种，并不是一直保持不变的。在我们这个世界中，假如一个人拥有独立自主的经济能力，那他轻易就能退到自己的象牙塔中。假如另外一个人在经济上无法独立自主，只要他将自己的其他需要都降到最低，一样可以摆脱这个世界。在准许自己将自身的名望和能力展现出来的环境中，一个人已经成熟了；不过，虽然另外一个人在最初的时候什么也没有，但因为他对外界条件的坚持不懈的利用，最后他一样实现了相同的目的。

然而，无论这种“成功”的自信是如何被一种神经症倾向获得的，对于精神分析治疗进展来讲，或多或少还是形成了一个极大障碍。首先，对于他而言，这种成功是意义重大的，所以，任何质疑都是他难以忍受的；其次，精神分析所努力的目标——让自己和别人的友好关系协调发展——对这种人是毫无吸引力可言的，因为他们已经很难对这种吸引力做出反应了。

在最开始的时候，无论一般的破坏性意愿是有关自己的，还是关于其他人的，它都形成了第三种对精神分析工作的限制力。应该着重指出，这种意愿未必一定拥有杀伤力，比如，在自杀冲动的意义上。这种意愿最常使用这些方式：或仇视，或轻视，或采用反对所有的态度。这些破坏性冲动是所有严重的神经症都可以形成的。在更加严重或者更加轻微的程度上，这些意愿是所有神经症发展的根源，凭借严重的冲突、对自己有利的要求以及对外界的幻想，这些意愿得到了强化。所有严重的神经症都犹如全副武装的盔甲那般，将他与别人的丰富多彩的、活力四射的生活阻挡起来。在面对生活的时候，必定会因为它而心存不满，这种遭到排斥的严重不满正如尼采曾经叙述过的“生存嫉妒”那般。因为种种缘由，或许会有着十分严重的仇视与轻视，无论是有关自己的还是有关其他人的，都会让自己的精神彻底崩溃，为了进行报复，甚至表现出恳求的态度。面对生活所赠予的全部，统统给出“不”的答复，自信便成为唯一剩下的东西。在就放弃因素进行探讨的时候，我们曾经探讨过，对于一种一般性的破坏别人和自己的意愿，易卜生的《海达·高布尔》就是一个非常好的例子。

这种破坏的严重程度决定了它自身是如何受到自我发展的压抑的。比如，假如在一个人看来，相比为自己的生活做任何具有建设意义的东西，更加要紧的是超越别人，那么在精神分析过程中，他或许就很难获得许多有利之处。假如他觉得快乐、幸福和爱或所有接近人们的行为都意味着懦弱和平庸，那他或者其他人或许就不太可能穿透他的坚硬盔甲。

由于第四种限制力是与“自我”这一很难让人理解的概念有所牵涉的，所以它显得更复杂，解释起来也更难。我认为在这里，与我所讲的“自我”最相符的可能就是威廉·詹姆斯在区分物质的自我和社会的自我时所使用的“真我”概念。简单来讲，它牵涉我真正感知到的、真正需要的、真正坚信的以及真正决定的。在精神生活中，最活力四射的中心是或应当是真我。在精神分析工作中，恰恰是这个精神中心形成了一种吸引力。在所有神经症中，已经降低了真我的行动范围和活力，并且诚挚的自重、天生的自尊、首创精神、负责自己生活的能力和促使自身发展的要素也在不停地遭受打击。同时，由于对复原过去的能力来讲，人们因为神经症倾向而成为一架遥控飞机，从而导致神经症倾向本身已经把许多真我活力给摧毁了。

许多事例都表明，重新得到和发展自我都具有充足的可能性，就算在最初的时候，这些可能性有着无法预知的力量。假如真我遭受了重创，那这个人就失去了自身力量的中心，从而受控于内部或者外界的其他力量。他或许会强迫自己变成一个机械化的人，以对自己周边的环境进行适应。他或许会发觉，对于别人来说，自己生命的存在纯粹是有益的，尽管自己内部缺少任何力量的中心，这必然会对他发挥能力造成阻碍，不过从社会价值的角度来讲，他依然是能发挥作用的。对于内部的指挥官能，他或许已经彻底失去了；或四处飘荡着，却毫无目的；或彻底受控于神经症倾向；正如在探讨过于“成功”的神经症倾向时所提及的那般。他已经慢慢创建的有关他本人的夸大形象或许彻底左右了他的情感、思想与行为：他并不是因为自己真正感觉到自己的形象，所以才怀有怜悯心，而是因为怜悯心仅仅是他形象的一部分。他的形象需要一些特别的“朋友”或者“兴趣”，所以他将会具备这些。

对于我们要讲的最后一种限制力，其形成原因是已经剧烈发展的继发的防御。假如所有神经症的支撑力，都是坚信每一件事情都是对的、有利的或不可动摇的信念，那就几乎可以说绝不会有任何一种刺激可以让他改变。

假如一个人竭力想要把自己从神经症限制中挣脱出来，那么不管这个人是怎样的人，他都会知道或者感觉到在他自身的这些局限因素中，有一部分正在发挥作用。上述那些限制力或许对不熟悉的精神分析治疗具有一种抑制作用。不管怎么样，一定要牢记，在这些因素中，没有任何一个因素是在纯粹感觉中起抑制作用的。能够毫无疑问地讲，在现今世界，唯一有可能在战争中获得胜利的就是飞机。直率地公开表示感觉无用或者传播怨恨情绪能够阻碍所有人进行自我分析，这是不明智的。对于他展开建设性自我精神分析的可行性，“我可以”与“我不可以”或者“我愿意”与“我不愿意”的较量发挥着决定性作用。在两种类型的人中，存在的差别非常大：一种类型的人尽管只是漂泊着，毫无目标可言，而且感觉过着毫无意义的生活，却隐约对什么进行着探寻。另外一种类型的人已经因为苦痛以及最终的放弃态度丢弃了生活，如同海达·高布尔那般。就像下面这两种类型的人：一种类型是极其放荡不羁，轻视所有抱负，觉得抱负都是不真实的；另外一种类型的放荡不羁也很明显，但是对于向着真实的抱负努力的所有人，他的确是尊敬与喜欢的。或是如同这两种类型的人：一种类型是情绪很容易激动，并且瞧不起其他人，不过在面对其他人的友善行为的时候，他不会毫无反应；另外一种类型是如同海达·高布尔那般，对朋友抱着敌视态度，并用相同的敌视态度对待对手，对于那些损害他本身中残余软弱情感的人，他甚至特意注意。

对于经由精神分析而获得自我发展，假如这个阻碍的确发挥了妨碍作用，那里面的缘由就会是很多种要素的结合，而并非只是一种要素。比如，深刻的失望要想构成一个完全的阻碍，就必须要和一个强化的趋向、一个虚伪的盔甲或可能是一个充分的破坏性相结合。与自身彻底疏离，是难以发挥抑制作用的，除非还存在一些正在逐渐强化的倾向，如稳固建立的依附关系。即只有厉害和复杂的神经症中才存在真正的限制力，甚至在那里，或许也依旧具有建设力量，唯一可以被发觉并得到运用的就是这些力量。

正如上面所述，存在种种对心理有威慑作用的力，或许会对自我精神分析的努力造成影响，假如这些力并没有如此强大，以至于彻底对这一努力造成阻碍的话。比如，因为这些力的影响，导致在进行精神分析时只付出少量的真诚，所以或许在毫无察觉的情况下，整个的精神分析就因为它们而遭到损害。在这种情形下，在精神分析的整个过程中，产生于每一次精神分析初期的偏见与牵涉非常广泛的范围的盲点，也始终是存在的，最应该做的事情并不是慢慢将精神分析工作的广度与强度降低，而是持续展开精神分析工作。不在这些范围之内的因素或许会获得适当的对待，既然自身所涵盖的领域不能与其他领域脱离，那在与整体构造分离之后，也就无法获得真实的认识，甚至连这些被见到的因素也依然停留在浅薄的顿悟水平上。

尽管卢梭的《忏悔录》与精神分析的相似之处非常少，却依然可以当作这种可行性的例子。有这么一种人存在于这本书中，在表面上，他想要在别人面前塑造一个非常真诚的形象，并且能够把事情做到恰好。但纵观整本书，他有着盲目自负的弱点，还没有爱人的能力——只有两个明显的因素在这儿提到了——这都是一些非常明显的因素，正如长相古怪的人那般，让我们现在印象深刻。他坦诚，对于其他人的喜欢，自己是非常期待并想要接纳的，不过却将形成依赖的关系当作了“喜欢”。对于自己的缺点，他都予以承认，但却将它总结为“感情脆弱”。他坦诚自己的不满，却总是想要证实自己是因为合理的原因才产生这些不满的。他不否认自己的失败，却总想要其他人来承担失败的责任。

自然，卢梭的悔过不属于自我精神分析的一种。不过，我近期又重新翻阅了这本书，那些不用费太大力气就可以进行精神分析的朋友与患者浮现在我脑海中。的确，这当真是一本有用心研究价值的书。假如一个人正在努力进行自我精神分析，就算他已经十分成熟了，相似的结果依然是他难以避开的。假如一个人在心理学方面非常博学，那他也仅仅只能稍微高明地伪装与掩饰自己的行为动机的意图罢了。

无论如何，卢梭在他的性特点这一点上是非常坦白的。应该给予这种坦白一定的评价。他在性方面的坦白，可以协助他意识到自己其实是多么不重视自己的其他问题。在卢梭那儿，我们还可以获得一个经验，这是有必要提及的一点。在我们生活过程中，因为性生活这个范畴是极为关键的，所以非常需要彻底坦白地对待它，就好像对待别的事情那样。不过，非常片面地对弗洛伊德指出的性的要素进行着重提及，或许就会诱导很多人如同卢梭那般，让这一因素比别的因素显得更加突出。在性问题上必然是需要坦白的，不过如果坦白的只有这个方面，也是远远不够的。

把现在的特殊障碍视为单纯的少年时代活动的重复的趋向，属于另外一个偏见。可以肯定，假如一个人想要对自身进行认识，最为关键的就是对在他自我发展过程中发挥影响力的那些力量进行认识。这是弗洛伊德所发现的非常重要的一点，也就是说，他已经意识到自己人格的产生受到了早期经历的影响。如今的结构恰恰是这种早期经历的总和所促成的。所以，对于现在的某种困难以及早年的某种影响之间的独立的关联，是一定存在解决办法的。现在的特性或许仅仅被理解为有某种力影响着当前的个性，是这种力发挥的全部作用的表现。比如，在一定的程度上，克莱尔对男人的依赖性就受到了她与妈妈的关系中所产生的特殊发展的影响。不过，只有老形式与新形式之间的类似之处被克莱尔注意到了，因此对于强迫她一直维持这种形式的重要驱动力，她就搞不明白了。她或许已经意识到，自己对彼得的依赖就好像对妈妈的依赖那般；自己把彼得当作伟人崇敬着，就好像对妈妈的崇敬那般；在自己境遇悲惨的时候，她期待彼得可以保护并帮助她，就好像对妈妈的期待那般；她因为遭到彼得的拒绝而怀有不满，就好像因为遭到妈妈的轻视而怀有不满那样。在这些关联引起她的注意的时候，她或许以为只对强迫形式的结果有所理解，就已经与自己的真实问题接近了。然而事实上，她之所以会依赖彼得，并不是因为她想让自己心中的妈妈形象再次出现，而是因为经由她的强迫的谦逊、压抑的高傲以及理想，让她不再拥有尊严，并且几乎不再拥有自己的人格。因此，她怯弱、压抑、毫不防备以及孤立，在这种情况下，她必定想要经由自己强迫的谦逊以及受到压抑的高傲与奢念来寻求保护。为了让自己复原而尝试种种办法，而这些办法都必然是没有成功的可能性的，同时，让她被更严重的压抑和担忧笼罩着。对于因为小时候的悲惨遭遇而遗留下来的问题，假如她想要让自己从中挣脱出来，就不得不对这些原动力进行了解。

另外一种偏见是不断地絮叨“不利的”方面，或那些被以为是这种方面的倾向。在这个时候，理解能够由悔过与谴责替代。这种行为的其中一部分是在一种敌意的自我谴责情绪中进行的，此外，还带着一种隐秘的觉得单独悔过就能得到回报的信念。

自然，不管是不是存在上述限制力，在自我精神分析的努力中都有发觉这些盲点与偏见的可能性。限制力的产生原因在某种程度上或许就是对精神分析先入为主的观点，这种观点是不正确的。假如的确如此，假如一个人对心理作用有着更加深刻的认识，那么就可以制止这些限制力。不过，我想要在这儿着重提出一点，那就是，这些限制力也或许会使用回避本质问题的手段。假如的确如此，那么最后对前进的抗力就是这些限制力的起因，假如这是一些极其强大的抗力——假如它们的强大程度如同我所讲过的限制力那般——在精神分析过程中，成功的某些障碍或许就是它们。

自我精神分析工作会因为上面所讲过的这些阻碍的力量而遭受挫折与失败，并提前结束。在这儿，我想把一些例证列举出来，精神分析在这些例子中发展到了多少明确的、有益的目标，却没有发展到这个目标以外，因为这个人不愿与自己心里的那些阻止他奔向更远目标的要素进行抗争。这或许出现在他已经把大多数因素打败，而且不再觉得一定要接受自我精神分析之后，就算需要解决的阻碍依然很多，并且都很复杂。假如他过着非常顺遂的生活，还没有遭遇任何挑衅和斗争，使用这种方式会产生非常大的诱惑力，以致他懈怠了自我精神分析。当然，我们在这种情形下都不会热衷于完成自我精神分析。我们怎样评价对于促进我们向着更深的方面延伸和发展的积极的自我不满，这属于我们人生哲学的基础内容。无论如何，我们必须认识或逐渐认识到自身价值的确切所在，而且凭借这一点开展活动。假如尽管我们有意识地维持发展的念头，而事实上，却对为实现目标而做出的努力有所松懈，甚至让扬扬得意的自我满足淹没了这些努力，就会出现不忠于自己的情况。

不过，因为一种截然相反的理由，一个人或许就会中断自我精神分析的努力：在许多方面，他已经有能力洞悉自己的阻碍，不过一切都没有任何改变，而且因为能够感觉到的效果非常小，导致他变得灰心丧气。事实上，正如上面所讲的，这种灰心丧气本身就是一种问题的起因，这种解决方式是正确的。不过，假如是因为严重的神经混乱造成了这些灰心丧气，比如，在上面所讲的失望中形成的放弃态度，这个人绝对无法独自攻克它。这并不代表他的努力都是白费的。对于他可以达到的水平来讲，无论有着多少强大的限制因素，他总是可以成功消除自己精神障碍中的一个个严重表现。

因为另外一种方式所引发的自我精神分析，内部的局限因素或许很早就会终止其作用：这个人或许会使用调节自己的生活的方式对还没有消失的神经症进行适应，以达到一种不真实的解决。生活本身可能为这种处理方式的出现提供了帮助。有一种情境可以提供与机能需要相匹配的宣泄方式，他或许就深陷这种情境中，任凭暧昧的生活与没有必要对自身权利进行维护的依附关系发展。结婚或许可满足他的依附需求，因此他必须抓住这个希望。抑或是在人际交往方面，他或多或少可能会有意识地解决自己的困扰——他已经对其中的一部分有所了解并理解——他因此疲惫不堪，为了让自己的生活归于平静或让自己的创造力得以保留，仅有的办法就是从其他方面退出。因为这个原因，他或许会尽量降低自己对人对物的需求，在这种情况下，可以竭力过能够过得去的生活。自然，这并不是一些非常完美的处理方式，不过能够到达的心理均衡必然会更高于以往。在一些非常混乱的情况下，这种虚假的解决可能是所能达到的最理想水平。

通常来讲，就算是在专业精神分析过程中，都存在这些对积极工作的限制，自我精神分析过程就更加不用说了。实际上，就像之前已经讲过的那般，假如是十分强烈的阻拦力量，就会导致患者彻底放弃精神分析。就算没有放弃它——假如在自己没有能力进行精神分析的重压之下，这个人吃尽了苦头，最终他采用了精神分析治疗方法——精神分析师并不是巫师，没有能力使用咒语把受到抑制的力量召唤回来。但是可以肯定，总体来讲，更加强大的限制力存在于自我精神分析中。在很多实际事例中，在一个精神分析师的引导下，患者可以与具体问题的解决离得很近，彻底释放建设力。反之，假如患者独自一个人进行精神分析，而且模糊地感觉自己被无形的、明显无法解决的纠纷缠绕着，他就绝不会彻底打起精神，抵抗自己的问题。并且，在这位患者接受治疗的过程中，其自身的种种心理力量的相对强度是会发生变化的，因为这些力量是经过多次添加的。在一切手段的指导下，他与自己的真我靠近，与其他呈现他极少彻底失去希望与极少孤单的方面靠近，进而让他包含自我发展兴趣在内的生命活力得到强化。所以，在和一位精神分析师共事一段时间以后，有时候在必要的情况下，就连患有严重神经障碍的患者都可以将他们的自我保持下去。

但总体来讲，相比专业的精神分析师，对于繁杂、凌乱的缠绕纠结的干涉，不管是在什么时间，最强大的都是后者，不过它具备相当的局限性这一点也是应该关注的。拿自我精神分析以及它自身难以避免的缺点对比理想中的分析治疗，这是丝毫不具有合理性的。我对这种类型的人有所认识，他们公开进行过精神分析治疗，不过之后，自己又和非常严重的问题进行斗争，并且获得了成功。我们会非常慎重地对待两种方式，对于在缺少专家帮助的情形下可以做的工作，我们既不抬高，也不贬低。

这让我们再次回到一开始所讲的那个问题上面，有关一个人可以在特别情况下进行自我精神分析。假如他已经展开了一些精神分析治疗，假如过程中没有遇到任何阻碍，我坚信他有希望可以单独持续获得比较大的成效，正如我在这本书中一直着重提及的那般。克莱尔的事例，以及没有在这里提及的别的例子明确地证实了，对于更加复杂、困难的问题，独自一个人使用过去的经验去解决，这是可行的，而且这种努力还要展开更多。这也就期望精神分析师慢慢调整衡量准则，让他们能判断自己什么时候可以理智地鼓舞患者，使患者独自持续进行他的分析工作。

在这儿，我打算重点提及一个有必要进行思考的问题，不过它和自我精神分析并无直接关联。在面对患者的时候，假如精神分析师不呈现出一副专家的样子，最初就明白这是一个精神分析师和患者共同完成的工作，二者一同向着相同的目标积极努力，那患者或许就会将自己的才智发挥在更高的水平上。那种或多或少让他感觉没有任何希望的灰心情绪也会被他消除掉，精神分析师一定要独自肩负责任，而且意识到在面对的时候要使用积极主动的精神与谋略。总结下来就是，在患者和精神分析师都被动的情况下，精神分析治疗已经得以发展了。首先，精神分析师所拥有的积极性更大了，最终两个参加者所发挥的积极效用就会是相同的。拥有最后这种态度的前提下，可以最快地取得成功。在这儿，我之所以会将这一事实讲出来，并非是想要说有可能缩短分析治疗的时间——尽管那是理想的与关键的——而是想要说对于自我精神分析的可能性来讲，这种协作的态度可以贡献什么。

假如那些自我分析的患者事先并未接受过分析治疗，在面对与自我分析有所牵涉的可能性问题时，就更加无法给出确切答复了。假如并非全部事情，那么大部分则是由精神失调的严重程度决定。我坚信不疑，严重的神经症应当处于专家掌控中：在进行自我精神分析以前，所有身患严重失调的患者都应该去接受专业精神分析师的治疗。不过，在估测自我精神分析的可行性的时候，重点考虑的并不是严重的神经症。可以肯定，相比严重的神经症，轻微的神经症要占大多数。在最开始的时候，特殊的情境障碍才是种种神经症的起因。在大多数情况下，精神分析师并不能看到人们患有这些不严重的精神失调，不过不应当敷衍地对待他们的障碍。因为患者遭受阻碍，人类应有的最高才能水平他却无法达到。所以他们的病不但引发了痛苦与障碍，并且还白白耗费了宝贵精力。

我觉得，有关这些障碍，在“偶然的自我精神分析”一章中所汇报的这些经验是让人振奋的。在那儿所讲过的几个例子中，受到牵涉的人简直都没有精神分析治疗的经历，当然，在检查自己的努力中，他们必然会失败。使用更广泛、全面的与神经症特性相关的知识以及应付它们的方式可以更深地发展这种努力，对于这一点，似乎没有任何合适的理由来进行质疑——不停地对自己说，这是一种不属于压抑性的严重的神经症。相比在严重的神经症里，在轻微的神经症中的人格结构反而更加牢固，就算并没有做出足够的努力，也可能依然有着非常大的帮助。在每一种消除的结果尚未实现以前，在严重的神经症里常常需要展开很多的分析工作。在轻微的精神失调中，就连一次揭示一个无意识的纠缠都有可能会变成转折点，导致向更随意自主的方向发展。

就算我们假设，可以进行有益的自我分析的人有很多，他们可以坚持到底吗？是不是不存在未被解决，甚至是未被触及的问题？对于如此彻底的精神分析，我觉得是不存在的。这种观点并非形成于放弃的态度。自然，透明度显然更高。我们越随意自主就越对自身有利。不过，在我看来，假如一个思想实现了人类诉求，那么它不但会呈现出自以为是的情绪，甚至会缺少所有强烈的要求。生命就是奋斗与竞争，发展与成长——精神分析是能够发挥协助作用的方法之一。毫无疑问，它有着非常显著的实际成就，并且努力本身拥有实用价值。就像歌德在《浮士德》所讲的：

> 每一种坚持不懈，
> 都是在自我救赎。

图书在版编目（CIP）数据

自我分析 /（美）霍尼著 ；贾静译．—南京：译林出版社，2016.5
（卡伦·霍尼作品集）
ISBN 978-7-5447-6277-9

Ⅰ．①自… Ⅱ．①霍…②贾… Ⅲ．①精神分析 Ⅳ．①B84-065

中国版本图书馆CIP数据核字（2016）第071601号

书　　名	自我分析
作　　者	〔美国〕卡伦·霍尼
译　　者	贾　静
责任编辑	陆元昶
特约编辑	岳慧琼
出版发行	凤凰出版传媒股份有限公司 译林出版社
出版社地址	南京市湖南路1号A楼，邮编：210009
电子信箱	yilin@yilin.com
出版社网址	http://www.yilin.com
印　　刷	三河市中晟雅豪印务有限公司
开　　本	960×640毫米　1/16
印　　张	17
字　　数	166千字
版　　次	2016年5月第1版　2020年4月第6次印刷
书　　号	ISBN 978-7-5447-6277-9
定　　价	33.80元

译林版图书若有印装错误可向承印厂调换